T0275236

1000 CITAS QUE INVITAN A PENSAR

ANTONI BOLINCHES

1000 CITAS
QUE INVITAN A PENSAR

Mensajes de sabios de todos los tiempos
para inspirarte y motivarte

U R A N O
Argentina – Chile – Colombia – España
Estados Unidos – México – Perú – Uruguay

ISBN: 978-84-17694-55-5
E-ISBN: 978-84-19029-15-7
Depósito legal: B-35-2022

Fotocomposición: Ediciones Urano, S.A.U.

Impreso por: Rotativas de Estella – Polígono Industrial San Miguel Parcelas E7-E8
31132 Villatuerta (Navarra)

Impreso en España – *Printed in Spain*

*A todos los autores que forman
la antología y a quienes han contribuido
a mantener vivas sus frases.*

*A Yolanda, mi compañera de vida,
porque gracias a su sabiduría ha
facilitado que yo dedique parte de mi
tiempo a compilar la ajena.*

*A Remedios Rojas, mi principal
colaboradora durante los últimos
veinticinco años, y a María Macià,
por tomarle el relevo en esta etapa final
de mi trayectoria profesional.*

*A todos los lectores, para que las
enseñanzas de este libro les ayuden
a convertirse en maestros de sí mismos.*

*A mis seres queridos presentes
y ausentes.*

SUMARIO

INTRODUCCIÓN

A todos mis maestros

Desde siempre he sido un gran aficionado a las máximas y en todos mis libros[1] hago un uso abundante de ellas porque considero que una buena manera de ayudarnos —todos a todos— es la de compartir grandes pensamientos expresados en pocas palabras.

Empecé a recopilar citas en mi juventud y todavía recuerdo la primera que «inventé» en aquellos tiempos de incipiente labor creativa. Entonces, cuando tenía dieciocho años, definí **la vida** como **un paréntesis en la inexistencia**. Ahora, a los setenta y cinco, creo que ese paréntesis puede ser llenado de cosas buenas, gra-

---

1. Libros del autor publicados por esta editorial: *Amor al segundo intento y Tus 4 poderes. (N. del A.)*

tificantes y enriquecedoras, que en mi caso se concretan en la afición de crear y recopilar aforismos. Tanto es así, que en mi método terapéutico (La Terapia Vital) las citas propias y ajenas —utilizadas en el momento oportuno— ocupan un lugar destacado entre las estrategias de intervención.

En sintonía con lo que acabo de decir, este pequeño libro está concebido para prestarte un doble servicio. El primero, propiciar tu disfrute intelectual. Y el segundo, facilitar que puedas encontrar entre los pensamientos ajenos un estímulo adecuado para profundizar en el conocimiento propio.

Antoni Bolinches

LAS CITAS

1. Nadie llega al paraíso con los ojos secos.

2. El éxito ha hecho fracasar a muchos hombres.

   Thomas ADAMS
   Político norteamericano (1730-1788)

---

3. La alegría es, ante todo, fomento de salud.

4. Nada que pueda conseguirse sin pena y sin trabajo es verdaderamente valioso.

   Joseph ADDISON
   Poeta y ensayista inglés (1672-1719)

---

5. Es más fácil luchar por unos principios que vivir de acuerdo con ellos.

ALFRED ADLER
Médico y psicoterapeuta austríaco (1870-1937)

---

6. La medida del amor es amar sin medida.

7. La simulación de la humildad es soberbia.

8. La paz es un bien tal que no puede desearse otro mejor, ni encontrar otro más útil.

9. A veces, no decir toda la verdad no es mentira, sino una forma superior de verdad.

10. Con el amor al prójimo el pobre es rico; sin el amor al pobre el rico es pobre.

SAN AGUSTÍN
Padre de la Iglesia y obispo de Hipona (354-430)

11. Si quieres conservar una pasión, no busques las causas.

ALAIN (ÉMILE-AUGUSTE CHARTIER)
Filósofo francés (1868-1951)

---

12. La sangre se hereda, el vicio se apega.

13. La naturaleza siempre favorece a los que desean salvarse.

MATEO ALEMÁN
Escritor español (1547-1615)

---

14. La guerra es el arte de destruir a los hombres, la política es el arte de engañarlos.

JEAN LE ROND D'ALEMBERT
Geómetra y literato francés (1717-1783)

---

15. El hombre es, a la vez, padre de sus obras futuras e hijo de las pasadas.

RENÉ ALLENDY
Médico francés (1889-1942)

---

16. En la vida casi todo proviene de casi nada.

17. El tiempo no es sino el espacio entre dos recuerdos.

18. El destino tiene dos maneras de herirnos: negándose a nuestros deseos y cumpliéndolos.

19. La destreza ayuda en todo, pero no basta para nada.

Henri-Frédéric AMIEL
Filósofo y moralista suizo (1821-1881)

20. Cuanto más vacío está un corazón, tanto más pesa.

Madame AMIEL-LAPEYRE
Escritora y poetisa francesa (1884-1977)

21. Cada uno de nosotros es el enemigo de sí mismo.

22. Los hombres sabios discuten los problemas, y los necios los deciden.

ANACARSIS
Filósofo escita (s. VI a. C.)

---

23. Si me engañas una vez, tuya es la culpa; si me engañas dos, la culpa es mía.

ANAXÁGORAS
Filósofo griego (500-428 a. C.)

---

24. Tenemos dos vidas y la segunda comienza cuando te das cuenta de que sólo tienes una.

MÁRIO DE ANDRADE
Poeta brasileño (1893-1945)

25. La inexperiencia es lo que permite a la juventud llevar a cabo lo que la vejez sabe que es de imposible realización.

ANSELMO DE LAON
Teólogo francés (1050-1117)

26. Mientras perseguimos lo inalcanzable, hacemos imposible lo realizable.

ROBERT ARDREY
Escritor y antropólogo norteamericano (1908-1980)

27. Si la honradez no fuera un deber, debería ser un cálculo.

28. No hay animal tan manso que atado no se irrite.

29. Sustituir el amor propio por el amor a los demás es cambiar un tirano insufrible por un buen amigo.

30. No hay que acusar a las buenas teorías de las malas prácticas.

31. El hombre que se levanta aún es más grande que el que no ha caído.

32. Donde todos sirven para todo,
nadie sirve para nada.

CONCEPCIÓN ARENAL
Pedagoga y escritora española (1820-1893)

33. La esperanza es el sueño del hombre
despierto.

34. Todo extremo es vicioso, la virtud está
en medio.

35. Los grandes conocimientos engendran
las grandes dudas.

36. La riqueza consiste mucho más
en el disfrute que en la posesión.

37. Lo peor de las malas leyes es que
contribuyen a formar hombres, peores
que ellas, encargados de ejecutarlas.

ARISTÓTELES
Filósofo griego (384-322 a. C.)

38. Sólo aquellos que nada esperan del azar son dueños del destino.

Matthew Arnold
Poeta y crítico inglés (1822-1888)

39. Ya que no podemos cambiar a los hombres, no nos cansamos de cambiar las leyes.

Jean Lucien Arréat
Escritor francés (1841-1922)

40. La juventud sería el estado ideal si llegara un poco más tarde.

Lord Herbert Henry Asquith
Político inglés (1852-1928)

41. Nosotros matamos el tiempo, pero él nos entierra.

42. Cree en ti, pero no dudes siempre de los demás.

Joaquim Maria Machado de Assis
Escritor brasileño (1837-1908)

43. Envejecer es el único medio de vivir mucho tiempo.

DANIEL-FRANÇOIS-ESPRIT AUBER
Compositor francés (1782-1871)

---

44. La libertad no hace más felices o mejores a los hombres, simplemente los hace más hombres.

MANUEL AZAÑA
Político y escritor español (1880-1940)

45. Si comienza uno con certezas, terminará con dudas; mas si se conforma en comenzar con dudas, llegará a terminar con certezas.

46. El hombre sabio crea más oportunidades que las que encuentra.

47. Son malos descubridores los que piensan que no existe tierra cuando sólo pueden ver mar.

48. Nada induce al hombre a sospechar mucho como el saber poco.

49. Saber escoger el tiempo es ahorrar tiempo.

50. La esperanza es un buen desayuno, pero una mala cena.

51. El dinero es un buen servidor, pero un mal amo.

52. El respeto de sí mismo es, después de la religión, el principal freno de los vicios.

FRANCIS BACON
Estadista y filósofo inglés (1561-1626)

53. Bueno es estar sin vicios, pero no lo es estar sin tentaciones.

WALTER BAGEHOT
Economista y periodista inglés (1826-1877)

54. Nuestras obras son a veces mejores que nuestros propósitos.

PHILIP JAMES BAILEY
Poeta inglés (1816-1902)

55. No darás tropezón ni desatino que
no te haga adelantar camino.

Bernardo de BALBUENA
Poeta español (1568-1627)

---

56. La resignación es un suicidio cotidiano.

57. La necesidad es a menudo la espuela
para el genio.

58. La gloria es un veneno que hay que tomar
en pequeñas dosis.

59. No existen grandes talentos sin gran voluntad.

Honoré de BALZAC
Novelista francés (1799-1850)

---

60. Si me callo, muero; pero habiendo hablado,
si me muero no callo.

61. Es intentando lo imposible como
se realiza todo lo posible.

Henri BARBUSSE
Novelista francés (1873-1935)

---

62. He tenido éxito en la vida. Ahora intento hacer de mi vida un éxito.

Brigitte BARDOT
Actriz francesa, n. 1934

63. En la actualidad, el delito mayor del hombre ya no es haber nacido, sino el de hacer nacer.

Pío BAROJA
Novelista español (1872-1956)

64. No hay quien busque grandes cosas que no tropiece con alguna.

Alonso de BARROS
Escritor español (1522-1604)

65. Nos buscamos en la felicidad, pero nos encontramos en la desgracia.

Henry Felix BATAILLE
Novelista francés (1872-1922)

66. La timidez es deseo de agradar y temor
de no conseguirlo.

EDME PIERRE BEAUCHÊNE
Médico y escritor francés (1748-1830)

---

67. Cuando se cede al miedo del mal,
se experimenta ya el mal del miedo.

68. Cuando una medicina no hace daño,
deberíamos alegrarnos y no exigir además
que sirva para algo.

PIERRE-AUGUSTIN DE BEAUMARCHAIS
Escritor francés (1732-1799)

---

69. Es muy difícil decir si el hombre nace
malo o si se vuelve así enseguida.

70. El defecto de la igualdad
es que la queremos
sólo con los de arriba.

HENRI FRANÇOIS BECQUE
Comediógrafo francés (1837-1899)

---

71. La soledad es muy hermosa...
    cuando se tiene alguien a quien decírselo.

    GUSTAVO ADOLFO BÉCQUER
    Poeta español (1836-1870)

---

72. Toda pena es grande para un corazón
    pequeño.

73. No dejes, por volar más alto,
    tu nido sin calor.

74. Lo peor de los malos es que nos hacen
    dudar de los buenos.

75. Los amores son como los niños recién
    nacidos: hasta que no lloran no se sabe
    si viven.

76. El dinero no puede hacernos felices,
    pero es lo único que nos compensa
    de no serlo.

77. Todo lo que tiene un valor puede tener
    un precio.

78. Muchos creen que tener talento es una suerte;
    nadie que la suerte puede ser cuestión de
    tener talento.

79. Cuando no se piensa lo que se dice es cuando se dice lo que se piensa.

80. El único egoísmo aceptable es el de procurar que todos estén bien para estar uno mejor.

Jacinto BENAVENTE
Autor dramático español (1866-1954)

81. Yo no sé si Dios existe, pero si existe, sé que no le va a molestar mi duda.

Mario BENEDETTI
Poeta y novelista uruguayo (1920-2009)

82. El vicio es un error de cálculo en la búsqueda de la felicidad.

Jeremy BENTHAM
Filósofo y jurisconsulto inglés (1748-1832)

83. Si yo fuera objeto, sería objetivo; como soy sujeto, soy subjetivo.

José BERGAMÍN
Escritor español (1895-1983)

84. Debemos obrar como hombres de pensamiento; debemos pensar como hombres de acción.

Henri BERGSON
Filósofo francés (1859-1941)

85. Se dice que el tiempo es un gran maestro; lo malo es que va matando a sus discípulos.

Louis Hector BERLIOZ
Compositor francés (1803-1869)

86. Sólo hay que contar con uno mismo... y aun así no mucho.

Paul BERNARD
Comediógrafo y novelista francés (1866-1947)

87. No está la culpa en el sentimiento, sino en el consentimiento.

San Bernardo de Claraval
Monje francés y primer abad de Clairvaux (1090-1153)

88. Donde no está el hombre, la Naturaleza es un desierto.

WILLIAM BLAKE
Poeta y pintor inglés (1757-1827)

___

89. La ayuda de la que menos podemos prescindir es la del propio esfuerzo.

MADAME BLANCHECOTTE
Literata y poetisa francesa (1830-1897)

___

90. El exceso es un defecto.

LEÓN BLOY
Periodista y escritor francés (1846-1917)

___

91. Cuando somos diminutos, creemos que somos Dios.

ROBERT BLY
Poeta y conferenciante norteamericano, n. 1926

___

92. En toda adversidad de fortuna, el mayor mal es haber sido antes felices.

Anicio BOECIO
Filósofo y poeta latino (480-524)

---

93. El arte de vencer se aprende en las derrotas.

Simón BOLÍVAR
Militar y político venezolano (1783-1830)

---

94. Un hombre puede no ser igual a otro, pero siempre será su semejante.

Louis Gabriel BONALD (Vizconde de)
Filósofo y político francés (1754-1840)

95. El dinero no debe ser sino el más poderoso de nuestros esclavos.

Abel BONNARD
Escritor francés (1884-1968)

---

96. La duda es uno de los nombres de la inteligencia.

Jorge Luis BORGES
Escritor argentino (1899-1986)

97. La única manera de engañar, que a veces logra éxito, consiste en ser sincero.

Ludwig BÖRNE
Escritor y político alemán (1786-1837)

98. Hay dos maneras de agradar: divertir e interesar.

Jean Stanislas BOUFFLERS (Marqués de)
Escritor francés (1738-1815)

99. Lo que desde hace tiempo no ha sufrido cambios puede parecer realmente inmutable.

Bertolt BRECHT
Dramaturgo y poeta alemán (1898-1956)

100. ¿Qué es la riqueza? Nada, si no se gasta; nada, si se malgasta.

Manuel BRETÓN de los Herreros
Poeta y dramaturgo español (1796-1873)

---

101. No pidáis tareas iguales a vuestras fuerzas, pedid fuerzas iguales a vuestras tareas.

Phillips BROOKS
Filósofo inglés (1835-1893)

---

102. Cuando remontamos al cielo se nos revelan los ángeles.

Robert BROWNING
Poeta inglés (1812-1889)

---

103. El afán de perfección hace a algunas personas insoportables.

104. Muchas personas se pierden las pequeñas alegrías mientras aguardan la gran felicidad.

Pearl Sydenstricker BUCK
Escritora norteamericana (1892-1973)

---

105. El que a sí mismo se sacrifica nunca yerra.

106. La persona más fácil de engañar es uno mismo.

EDWARD GEORGE BULWER-LYTTON
Escritor y político inglés (1803-1873)

---

107. El que está abajo no debe temer caídas.

JOHN BUNYAN
Escritor inglés (1628-1688)

---

108. Las minucias hacen la perfección...
pero la perfección no es minucia.

MIGUEL ÁNGEL BUONARROTI
Pintor, escultor y arquitecto italiano (1475-1564)

---

109. El ejemplo es la escuela de la humanidad;
la única escuela que puede instruirla.

110. Algunos, por odiar demasiado a los vicios,
estiman demasiado poco a los hombres.

111. Nunca dijo una cosa la naturaleza y otra
la sabiduría.

EDMUND BURKE
Político y escritor inglés (1729-1797)

---

112. Pensamientos tontos los tenemos todos,
pero el sabio se los calla.

Wilhelm BUSCH
Poeta alemán (1832-1908)

---

113. Los mismos perros que riñen por un hueso,
cuando no lo tienen juegan juntos.

Samuel BUTLER
Poeta inglés (1612-1680)

---

114. Es fácil morir por una mujer, lo difícil
es vivir con ella.

115. La adversidad es el primer paso hacia
la verdad.

116. Si de la sociedad aprendemos a vivir,
la soledad debería enseñarnos a morir.

George Gordon, Lord BYRON
Poeta inglés (1788-1834)

---

117. Fingimos lo que somos; seamos
lo que fingimos.

118. La mayor victoria está en vencerse
     a sí mismo.

119. No le des nunca consejos al que
     te pida dinero.

Pedro CALDERÓN DE LA BARCA
Poeta dramático español (1600-1681)

---

120. Una parte de la medicina es el arte
     de hacernos creer que los
     medicamentos curan.

Julio CAMBA
Escritor español (1882-1962)

---

121. La envidia es la polilla del talento.

122. Con tal que yo lo crea, ¿qué importa
     que lo cierto no lo sea?

123. Saber y no saber, todo es lo mismo, porque el
     fin de la ciencia es el abismo.

124. No hay grito de dolor que en lo futuro no tenga
     al fin por eco una alegría.

125. Todo en amor es triste, mas triste y todo es lo mejor que existe.

126. ¿Qué es preciso tener en la existencia? Fuerza en el alma y paz en la conciencia.

127. Añade a tu experiencia que el hambre es quien regula la conciencia.

128. En cuanto al bien y al mal, nada hay lejano; todo se halla al alcance de la mano.

RAMÓN DE CAMPOAMOR
Poeta español (1817-1901)

129. El éxito es fácil de obtener. Lo difícil es merecerlo.

ALBERT CAMUS
Escritor francés (1913-1960)

130. Todo lo que sea forzar la evolución es destruirla.

JOSÉ CANALEJAS
Político español (1854-1912)

131. Hay dos maneras de gobernar a los pueblos: por la fuerza o por la farsa.

Antonio CÁNOVAS DEL CASTILLO
Estadista y literato español (1828-1897)

132. No es grande el que nace en cuna de oro, sino el que se hace digno de ella.

Manuel CAÑETE
Poeta y crítico español (1822-1891)

133. Todo fracaso es el condimento que da sabor al éxito.

Truman CAPOTE
Novelista norteamericano (1924-1984)

134. La razón de Estado no se ha de oponer al estado de la razón.

Carlos I de España y V de Alemania
Rey de España y Emperador de Alemania (1500-1558)

135. La miseria, de cualquier clase que sea,
no es la causa de la inmoralidad,
sino su efecto.

136. Mi reino no es lo que tengo, sino lo que hago.

137. Bienaventurado aquel que ha encontrado
su trabajo; que no pida más felicidad.

Thomas CARLYLE
Historiador y ensayista inglés (1795-1881)

---

138. El único medio de salir ganando de una
discusión es evitarla.

Dale CARNEGIE
Escritor norteamericano (1888-1955)

---

139. Las ideas contrarias clarifican las propias.

Alejandro CARRIÓN
Poeta y escritor ecuatoriano (1915-1972)

---

140. Vale más sembrar una cosecha nueva
que llorar por la que se perdió.

Alejandro CASONA
Dramaturgo español (1903-1965)

---

141. Del corazón a la inteligencia es más fácil
el camino que de la inteligencia al corazón.

Severo CATALINA
Escritor español (1832-1871)

---

142. Puedo perdonar todos los errores menos
los míos.

Dionisio CATÓN
Poeta y moralista latino (s. III)

---

143. El buen arrepentimiento es la mejor medicina
que tienen las enfermedades del alma.

144. Si da el cántaro en la piedra, o la piedra
en el cántaro, mal para el cántaro.

145. Mientras se gana algo no se pierde nada.

146. Necio y muy necio el que descubriendo un secreto a otro, le pide encarecidamente que lo calle.

147. El camino es mejor que la posada.

148. Lo que se sabe sentir se sabe decir.

149. No hay razonamiento que, aunque sea bueno, siendo largo lo parezca.

150. La costumbre del vicio se vuelve en naturaleza.

151. No hay recuerdo que el tiempo no borre, ni pena que la muerte no acabe.

152. No desees y serás el hombre más rico del mundo.

153. Los duelos con pan son menos.

154. La verdad bien puede enfermar, pero no morir del todo.

MIGUEL DE CERVANTES
Novelista español (1547-1616)

155. Los hombres casi siempre creen fácilmente aquello que desean.

Julio César
General e historiador romano (101-44 a. C.)

---

156. Los recuerdos embellecen la vida, pero sólo el olvido la hace tolerable.

Enrico Cialdini
General italiano (1811-1892)

---

157. Excelente condimento de la comida es el hambre.

158. La cara es el espejo del alma.

159. Cuanto más moral es el hombre, menos acusa de inmoralidad a los demás.

160. La fuerza es el derecho de las bestias.

161. No basta con adquirir la sabiduría, es preciso usarla.

162. Los hombres son como los vinos: la edad agría los malos y mejora los buenos.

163. El dolor, si grave, es breve; si largo, es leve.

164. Prudencia es saber distinguir las cosas que se pueden desear de las que se deben evitar.

Marco Tulio CICERÓN
Filósofo, estadista y orador romano (106-43 a. C.)

---

165. Fray Ejemplo es el mejor predicador.

Cardenal CISNEROS
Religioso y político español (1436-1517)

---

166. No hacer nunca nada es la mejor manera de conservar toda la fe en nuestras posibilidades.

167. Ser capaz de morir por una idea no es grandeza; la grandeza es tener la idea.

Noel CLARASÓ
Escritor español (1905-1985)

---

168. El amor no tiene cura, pero es la única medicina para todos los males.

Leonard COHEN
Poeta y novelista canadiense (1934-2016)

---

169. Cuando se es amado, no se duda de nada. Cuando se ama, se duda de todo.

Sidonie-Gabrielle COLETTE
Novelista francesa (1873-1954)

---

170. Por la calle de «después» se llega a la plaza de «nunca».

Luis COLOMA
Jesuíta y novelista español (1851-1914)

---

171. Nadie es un gran hombre para su criado.

Louis II de CONDÉ
General francés (1621-1686)

172. En tiempos de corrupción es cuando más leyes se dan.

ÉTIENNE BONNOT DE CONDILLAC
Filósofo francés (1715-1780)

---

173. El que nada se perdona a sí mismo, merece que se lo perdonen todo.

174. En vez de sentir el no ser conocido, procura hacerte digno de ser conocido.

175. Trabaja en impedir delitos para no necesitar castigos.

176. El hombre que ha cometido un error y no lo corrige, comete otro error mayor.

177. La madera podrida ya no puede tallarse.

178. No debemos hablar nunca ni bien ni mal de nosotros mismos; bien, porque no nos creerían; y mal, porque lo creerían fácilmente.

179. Lo que no quieras que los otros te hagan a ti, no lo hagas a los otros.

180. No todos los hombres pueden ser ilustres, pero todos pueden ser buenos.

181. Sólo puede ser feliz siempre el que sepa ser feliz con todo.

CONFUCIO
Estadista, filósofo y moralista chino (551-479 a. C.)

---

182. Somos criaturitas tan tornadizas que acabamos por experimentar los sentimientos que fingimos.

Benjamin CONSTANT
Escritor y político francés (1767-1830)

---

183. El tiempo es un gran maestro que arregla muchas cosas.

184. El que perdona con facilidad invita a la ofensa.

Pierre CORNEILLE
Dramaturgo francés (1606-1684)

---

185. Si tuviéramos que tolerar a los demás todo lo que nos permitimos a nosotros mismos, la vida sería intolerable.

Georges COURTELINE
Comediógrafo y novelista francés (1858-1929)

186. Talento es lo que uno posee;
     genio es lo que le posee a uno.

Malcolm COWLEY
Diplomático y escritor inglés (1763-1847)

---

187. El remordimiento es el huevo fatal puesto por
     el placer.

188. Dios creó el campo y el hombre la ciudad.

William COWPER
Poeta inglés (1731-1800)

---

189. No puede herirnos la injuria sino cuando
     la recordamos; por ello la mejor venganza
     es el olvido.

Harold Hart CRANE
Poeta norteamericano (1899-1932)

190. El que puede cambiar sus pensamientos puede cambiar su destino.

STEPHEN CRANE
Periodista y novelista norteamericano (1871-1900)

---

191. Para hablar bien es necesario hablar poco.

192. La grandeza y el honor son como los perfumes: los que los llevan, apenas los sienten.

CRISTINA I DE SUECIA
Reina de Suecia (1626-1689)

---

193. Nunca se va tan lejos como cuando no se sabe donde se va.

OLIVER CROMWELL
Lord protector de Inglaterra (1599-1658)

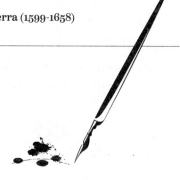

194. Cuanto más se juzga es señal de que menos se ama.

195. La sociedad se compone de dos grandes castas: la de quienes tienen más comida que apetito y la de los que tienen más apetito que comida.

196. El día más irremediablemente perdido es aquel en que no nos hemos reído.

197. El hombre llega novicio a cada edad de la vida.

198. Es más fácil legalizar ciertas cosas que legitimarlas.

199. La falsa modestia es la más decente de todas las mentiras.

200. Pasa con la felicidad como con los relojes, que los menos complicados son los que menos se estropean.

Sébastien-Roch Nicolas de CHAMFORT
Moralista francés (1741-1794)

201. La verdadera felicidad cuesta poco; si es cara,
no es de buena especie.

Alphonse de CHÂTEAUBRIAND
Escritor francés (1877-1951)

202. Ser original, muy bien; pretender serlo,
muy mal.

Antoine CHAUVILLIERS
Escritor francés (1884-1953)

203. Lo que merece ser hecho, merece
ser bien hecho.

204. Cuida de los minutos, pues las horas
se cuidarán de sí mismas.

Philip Stanhope CHESTERFIELD (4º conde de)
Estadista y epistológrafo inglés (1694-1773)

205. No liberes al camello de la carga de su joroba;
podrías estar liberándolo de ser camello.

206. La furia con que el mundo actual busca
el placer prueba que carece de él.

Gilbert Keith CHESTERTON
Escritor inglés (1874-1936)

---

207. La vejez no es tan mala cuando
se considera la alternativa.

Maurice CHEVALIER
Actor y cantante francés (1888-1972)

---

208. El ave canta aunque la rama cruja,
porque conoce lo que son sus alas.

209. El varón fuerte
recoge el fruto con sus propias manos,
o lo arranca del árbol de la suerte.

José Santos CHOCANO
Poeta peruano (1875-1934)

210. Toda dificultad eludida y no vencida
se convertirá más tarde en un fantasma
que perturbará nuestro reposo.

Frédéric François CHOPIN
Compositor y pianista polaco (1810-1849)

---

211. Un optimista ve una oportunidad
en toda calamidad; un pesimista
ve una calamidad en toda
oportunidad.

Winston CHURCHILL
Político y escritor inglés (1874-1965)

---

212. Muchas personas no cumplen los ochenta
porque intentan durante demasiado
tiempo quedarse en los cuarenta.

213. No temáis a la perfección; nunca llegaréis
a ella.

Salvador DALÍ
Pintor español (1904-1989)

---

214. Los hombres envejecen, pero no maduran.

Alphonse DAUDET
Novelista francés (1840-1897)

---

215. En la vida hay muchas cosas
más importantes que el dinero;
pero todas cuestan mucho dinero.

216. Es curioso que la vida, cuanto más vacía es,
más pesa.

217. El mayor de todos los males es creer
que los males no tienen remedio.

218. Es curioso que a las cumbres más altas
sólo pueden llegar las águilas y los reptiles;
los que vuelan muy alto y los que se arrastran
sin ruido.

León DAUDÍ
Escritor español (1905-1985)

---

219. Amigos son los que en la prosperidad acuden
al ser llamados y en la adversidad sin serlo.

DEMETRIO de Falero
Político y orador ateniense (350-283 a. C.)

---

220. Estamos siempre inclinados a creer aquello que anhelamos.

DEMÓSTENES
Orador griego (384-322 a. C.)

221. No ser útil a nadie equivale a no valer nada.

222. No basta tener un sano juicio, lo principal es aplicarlo bien.

RENÉ DESCARTES
Matemático y filósofo francés (1596-1650)

223. Nunca sabe un hombre de lo que es capaz hasta que lo intenta.

224. Quien desperdicia el tiempo es un ladrón que roba días a la vida.

CHARLES DICKENS
Novelista inglés (1812-1870)

225. Todo lo que sabemos del amor es que el amor es todo lo que hay.

Emily DICKINSON
Poetisa norteamericana (1830-1886)

226. El que te habla de los defectos de los demás, con los demás habla de los tuyos.

Denis DIDEROT
Filósofo y escritor francés (1713-1784)

227. El hombre no ha nacido para ser juzgado, sino para ser comprendido.

Wilhelm DILTHEY
Filósofo e historiador alemán (1833-1911)

228. Tenemos dos orejas y una sola lengua para que oigamos más y hablemos menos.

229. La sabiduría sirve de freno a la juventud, de consuelo a los viejos, de riqueza a los pobres y de ornato a los ricos.

DIÓGENES
Filósofo cínico griego (412-323 a. C.)

230. Pregúntate si lo que estás haciendo hoy te acerca al lugar en el que quieres estar mañana.

WALT DISNEY
Creador de dibujos animados y productor de cine noreamericano (1901-1966)

---

231. Confiamos demasiado en los sistemas y muy poco en los hombres.

232. Todo llega, con tal de que sepa uno esperar.

233. Tener conciencia de la propia ignorancia es un gran paso hacia el saber.

BENJAMIN DISRAELI (CONDE DE BEACONSFIELD)
Estadista y escritor inglés (1804-1881)

---

234. Un hombre que no se inclina ante nada, jamás podrá soportar la carga de sí mismo.

235. Si podemos formularnos la pregunta: «¿Soy o no soy responsable de mis actos?», significa que sí lo somos.

FIÓDOR MIJÁILOVICH DOSTOIEVSKI
Novelista ruso (1821-1881)

236. El honor que se vende siempre es pagado más caro de lo que vale.

Jacques DUCLOS
Político francés (1896-1975)

237. No hagas lo que no puedes decir.

238. El mayor de los crímenes es el suicidio, porque es el único que no admite el arrepentimiento.

Alexandre DUMAS (padre)
Novelista y autor dramático francés (1802-1870)

239. Muy pronto en la vida es demasiado tarde.

Marguerite DURAS
Escritora francesa (1914-1996)

240. Estar contentos con poco es difícil, con mucho es imposible.

241. En la juventud aprendemos, en la vejez entendemos.

MARIE VON EBNER-ESCHENBACH
Escritora austríaca (1830-1916)

---

242. Sólo la mano que tacha puede escribir de nuevo.

JOHANN ECKHART
Dominico y filósofo místico alemán (1260-1327)

---

243. La educación es lo que queda después de olvidar lo que se aprendió en la escuela.

ALBERT EINSTEIN
Físico alemán (1879-1955)

244. El pensamiento es la semilla de la acción.

245. Las buenas maneras son el modo feliz de hacer las cosas.

246. Sólo la obediencia da derecho al mando.

247. Los años enseñan muchas cosas que los días jamás llegan a conocer.

248. La confianza en uno mismo es el primer secreto del éxito.

249. Yo considero dichoso a aquel que, cuando se habla de éxitos, busca la respuesta en el trabajo.

250. Todos los hombres que conozco son superiores a mí en algún sentido. En ese sentido, aprendo de ellos.

251. La mayor fortuna de un hombre es hallar para su actividad el empleo más apropiado a sus congénitas aptitudes.

Ralph Waldo EMERSON
Filósofo, ensayista y poeta norteamericano (1803-1882)

252. El cielo nos vende los bienes al precio
de nuestros trabajos.

EPICARMO
Comediógrafo griego (525-450 a. C.)

253. Si quieres algo bueno, búscalo en ti mismo.

EPICTETO
Filósofo estoico griego (55-135)

254. ¿Quieres ser rico? pues no te afanes
en aumentar tus bienes, sino en disminuir
tu codicia.

255. No hay cosa que sea suficiente para aquel que
no queda satisfecho con un poco.

256. Retírate dentro de ti mismo, sobre todo
cuando necesites compañía.

257. La muerte tenida como el más horrible de los males, no es en realidad nada, pues mientras nosotros somos, la muerte no es, y cuando ésta llega, nosotros no somos.

EPICURO
Filósofo griego, fundador de la escuela epicúrea (341-270 a. C.)

258. Mejor es prevenir que curar.

ERASMO DE ROTTERDAM
Humanista y filósofo holandés (1469-1536)

259. El miedo es natural en el prudente, y el saberlo vencer es ser valiente.

ALONSO DE ERCILLA
Poeta español (1533-1594)

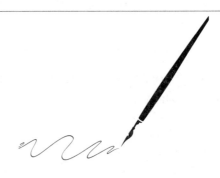

260. El que con buen ánimo acomete el trabajo, la mitad tiene hecho.

Vicente ESPINEL
Músico y novelista español (1550-1624)

---

261. Las palabras son médicos del ánimo enfermo.

262. La mayor parte de los hombres prefieren parecer que ser.

ESQUILO
Poeta trágico griego (525-456 a. C.)

---

263. Nadie guarda mejor un secreto que el que lo ignora.

George FARQUHAR
Comediógrafo inglés (1678-1707)

---

264. Se puede confiar en las malas personas, no cambian jamás.

William FAULKNER
Novelista norteamericano (1897-1962)

---

265. Si tienes siempre tenso el arco,
lo romperás pronto.

FEDRO
Fabulista latino (15 a. C.-50 d. C.)

---

266. Todos los que saben poco quieren
mostrar en todas partes lo que saben.

267. Sólo el que está ciego se va con serenidad
al precipicio.

BENITO JERÓNIMO FEIJOO
Benedictino y filósofo español (1676-1764)

---

268. Solamente la desgracia puede abrirle
al hombre los ojos para la verdad.

269. Huye de los elogios, pero trata de merecerlos.

270. Cuando uno estima en nada su vida,
se convierte en dueño de la ajena.

FRANÇOIS DE SALIGNAC DE LA MOTHE FENELON
Religioso y escritor francés (1651-1715)

---

271. Si la fe no fuera la primera de las virtudes sería siempre el mayor de los consuelos.

FERNÁN CABALLERO (SEUDÓNIMO DE CECILIA BÖHL DE FABER)
Novelista española (1796-1879)

272. Nunca cierres la mano: no hay manera mejor de disfrutar los bienes que dándolos.

GONZALO FERNÁNDEZ DE CÓRDOBA
Militar español, llamado «El gran capitán» (1453-1515)

273. La luz es para todos los ojos, pero no todos los ojos están hechos para la luz.

274. La ciencia de prolongar la vida consiste en no reducirla.

ERNST VON FEUCHTERSLEBEN
Filósofo alemán (1806-1849)

275. El hombre mediocre siempre pesa bien, pero su balanza es falsa.

ANSELM FEUERBACH
Arqueólogo y escritor alemán (1798-1851)

276. Las verdades más sencillas son aquellas
a las que el hombre llega más tarde.

Ludwig FEUERBACH
Filósofo alemán (1804-1872)

277. La felicidad consiste en tener buena salud y
mala memoria.

Edwige FEUILLÈRE (Edwige Caroline Cunati)
Actriz francesa (1907-1998)

278. Vivimos en un mundo donde los hombres
se visten con trajes ya confeccionados.
Peor para ti si tienes demasiada talla.

279. La melancolía no es otra cosa que un
recuerdo inconsciente.

Gustave FLAUBERT
Novelista francés (1821-1880)

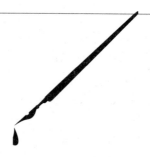

280. Es verdad que no se puede encontrar la piedra filosofal, pero está bien que se busque.

281. La salud es la unidad que da valor a todos los ceros de la vida.

BERNARD LE BOVIER DE FONTENELLE
Escritor francés (1657-1757)

---

282. Una gran parte de los hombres obra sin pensar. La otra piensa sin obrar.

NICCOLÒ UGO FOSCOLO
Poeta y novelista italiano (1778-1827)

---

283. La mayoría de los hombres que no saben qué hacer de esta vida quieren otra que no termine nunca.

284. No hace ninguna falta que los buenos ejemplos sean verdad. Basta que sean de verdad ejemplos.

285. El castigo del delito consiste en haberlo cometido.

ANATOLE FRANCE
Escritor francés (1844-1924)

286. Yo necesito poco y este poco lo necesito muy poco.

SAN FRANCISCO DE ASÍS
Fundador de la orden franciscana (1182-1226)

287. En nosotros, todo lo excusamos; en los prójimos, nada; queremos vender caro y comprar barato.

SAN FRANCISCO DE SALES
Religioso y escritor francés (1567-1622)

288. El miedo provoca lo que uno teme.

VIKTOR FRANKL
Psiquiatra austríaco creador de la logoterapia (1905-1997)

289. El tiempo es oro.

290. Más vale estar solos que mal acompañados.

291. No dejes para mañana lo que puedas hacer hoy.

292. Quien compra lo superfluo no tardará en verse obligado a vender lo necesario.

293. Toma consejo del vino, pero decide después con agua.

294. La pereza marcha con tanta lentitud que la pobreza no tarda en alcanzarla.

295. Guárdate de la ocasión y Dios te guardará del pecado.

296. Invertir en conocimientos produce siempre los mejores intereses.

297. Donde hay matrimonio sin amor, habrá amor sin matrimonio.

Benjamin FRANKLIN
Físico y escritor norteamericano (1706-1790)

---

298. El niño es el padre del hombre.

299. A nadie le está dado entender sino lo que está dentro de sí.

300. Sólo la propia y personal experiencia hace al hombre sabio.

301. En el matrimonio feliz no hay sitio para la neurosis.

302. He sido un hombre afortunado; nada en la vida me fue fácil.

SIGMUND FREUD
Médico austríaco creador del psicoanálisis (1856-1939)

303. El amor inmaduro dice «Te amo porque te necesito». El amor maduro dice «Te necesito porque te amo».

ERICH FROMM
Psicoanalista y ensayista alemán (1900-1980)

304. Un buen vallado hace buenos vecinos.

ROBERT LEE FROST
Poeta norteamericano (1875-1963)

305. El paraíso de los tontos es el infierno de los cuerdos.

306. El que tiene una nariz muy larga cree que todo el mundo habla de ella.

307. Quién premia la adulación la solicita.

308. El que en la soledad busca olvido sólo acrecienta el recuerdo.

THOMAS FULLER
Teólogo, historiador y escritor inglés (1608-1661)

309. Esta sociedad nos da facilidades para hacer el amor, pero no para enamorarnos.

310. Al poder le ocurre como al nogal, no deja crecer nada bajo su sombra.

ANTONIO GALA
Escritor español, n. 1937

311. Al hacer una profunda reverencia a alguien, siempre se vuelve la espalda a algún otro.

312. El valor muchas veces no es más que el efecto de un grandísimo miedo.

FERDINANDO GALIANI
Literato y filósofo italiano (1728-1788)

313. La no violencia es la ley de los hombres; la violencia es la ley de los animales.

314. Ojo por ojo, y el mundo quedará ciego.

315. Sé tú el cambio que quieres ver en el mundo.

316. La pureza de los medios debe ser igual a la pureza del fin.

MOHANDAS KARAMCHAND, «MAHATMA» GANDHI
Político y humanista hindú (1869-1948)

317. El arte de vivir consiste en conservar nuestra personalidad sin que la sociedad nos incomode.

ÁNGEL GANIVET
Escritor y novelista español (1865-1898)

318. Baco ha ahogado más hombres que Neptuno.

GIUSEPPE GARIBALDI
Patriota, militar y político italiano (1807-1882)

319. La originalidad es la vuelta a los orígenes.

Antonio GAUDÍ
Arquitecto español (1852-1926)

320. La verdad es hija del tiempo.

Aulo GELIO
Erudito italiano (s. II)

321. Se exige demasiada capacidad para los empleos modestos y demasiada poca para los importantes.

Condesa de GENLIS (Stéphanie Félicité du Crest)
Escritora francesa (1746-1830)

322. Posee buen juicio aquel que no confía por entero en el suyo.

Henry GEORGE
Escritor y ensayista norteamericano (1839-1897)

323. Seducimos valiéndonos de mentiras y pretendemos ser amados por nosotros mismos.

Paul GÉRALDY
Poeta y comediógrafo francés (1885-1954)

324. Ella no me amó a mí, sino al que yo deseaba ser; y siempre me reprochó que no hubiese cumplido mis deseos.

André GIDE
Novelista francés (1869-1951)

325. Donde hay verdadero valor encuéntrase también verdadera modestia.

William Schwenck GILBERT
Autor dramático inglés (1836-1911)

326. Que tu cuerpo no sea la primera fosa de tu esqueleto.

Jean GIRADOUX
Novelista y comediógrafo francés (1882-1944)

327. Hemos de cultivar nuestras cualidades, no nuestras peculiaridades.

328. La alegría y el amor son las dos alas para las grandes acciones.

329. El hombre que no tiene nada que perder es peligroso.

330. La mejor lección es la que nos enseña a dominarnos.

331. Por fortuna, el hombre no es capaz más que de una cierta medida de infelicidad: pasada ésa, queda o anonadado o indiferente.

332. Somos todos tan limitados que creemos siempre tener razón.

333. El hombre se cree siempre ser más de lo que es y se estima en menos de lo que vale.

334. Muchos hombres no se equivocan jamás porque no se proponen nada razonable.

335. Nuestros deseos son presentimientos de las cualidades que yacen en nosotros. Anuncio de lo que somos capaces de hacer.

336. Si tenéis confianza en vosotros mismos, inspiraréis confianza a los demás.

JOHANN WOLFGANG VON GOETHE
Poeta alemán (1749-1832)

337. Ser pobre y parecerlo es el método más seguro para nunca levantar cabeza.

338. Nuestra mayor gloria no está en no haber caído nunca, sino en levantarnos cada vez que caemos.

OLIVER GOLDSMITH
Poeta y novelista inglés (1728-1774)

339. Los genios son los que dicen mucho antes lo que se va a decir mucho después.

RAMÓN GÓMEZ DE LA SERNA
Escritor y periodista español (1888-1963)

340. Las palabras, cera; las obras, acero.

LUIS DE GÓNGORA
Poeta español (1561-1627)

341. Veo los problemas y no veo la solución; ésta es la tragedia de todos los que suspiran por una humanidad mejor.

Maksim GORKI
Novelista y dramaturgo ruso (1868-1936)

---

342. Lo verdaderamente terrible cuando se busca la verdad es que se encuentra.

Rémy de GOURMONT
Crítico, ensayista y novelista francés (1858-1915)

---

343. Lo breve, si bueno, dos veces bueno; y aun lo malo, si poco, no tan malo.

344. Para vivir, dejar vivir.

345. El mentiroso tiene dos males: que ni cree ni es creído.

346. Huye en todo de la demasía.

347. Tened paciencia y tendréis ciencia.

Baltasar GRACIÁN
Jesuita y escritor moralista español (1601-1658)

348. La constancia es la virtud por la que todas las otras virtudes dan su fruto.

349. El amor es como el agua, si no hay algo que lo agite se pudre.

350. Pobre amor al que la fantasía deja de hacerle compañía.

351. Cuanto más posee el hombre, menos se posee a sí mismo.

352. El hombre comienza, en realidad, a ser viejo cuando deja de ser educable.

Arturo Graf
Poeta italiano (1848-1913)

353. La verdadera elegancia no consiste en que aquello que nos ponemos nos mejore, sino en mejorar aquello que nos ponemos.

Francisco Grandmontagne
Periodista español (1866-1936)

354. El carácter es la mitad del destino.

Raoul Guérin de la Grasserie
Filósofo y jurisconsulto francés (1839-1915)

355. Al hombre que hace todo lo que puede
no podemos decirle que no hace lo que debe.

Fray Antonio de GUEVARA
Obispo de Mondoñedo y escritor español (1480-1545)

356. Para muchos, la moral no es otra cosa que las
precauciones que se toman para
transgredirla.

357. El verdadero secreto de la felicidad consiste
en exigir mucho de uno mismo y muy poco de
los otros.

Albert GUINON
Autor dramático y periodista francés, n. 1943

358. Lo poco que yo sé se lo debo a mi ignorancia.

Sacha GUITRY
Autor dramático y cineasta francés (1885-1957)

359. El viaje más largo es el viaje hacia el interior.

Dag Hjalmar HAMMARSKJÖLD
Político sueco (1905-1961)

360. La carga que se queda en el fusil, lo oxida. Así la fuerza en el hombre.

Friedrich HEBBEL
Poeta lírico y dramaturgo alemán (1813-1863)

361. Nada es, todo deviene.

Georg Wilhelm Friedrich HEGEL
Filósofo alemán (1770-1831)

362. Si bien lo consideramos, todos estamos desnudos dentro de nuestros vestidos.

363. Hablar de locura de amor es un pleonasmo; el amor en sí ya es una locura.

Heinrich HEINE
Poeta alemán (1797-1856)

364. Todo el mundo quiere llegar a viejo, pero nadie quiere serlo.

Martin HELD
Actor alemán (1908-1984)

365. Se necesitan dos años para aprender a hablar y sesenta para aprender a callar.

Ernest HEMINGWAY
Escritor norteamericano (1899-1961)

366. Si la dicha estuviese hecha de goces corporales, diríamos que los bueyes son felices cuando encuentran garbanzos que comer.

367. Erudición no enseña sensatez.

HERÁCLITO
Filósofo griego (540-480 a. C.)

368. El que va descalzo no debe plantar espinos.

369. Debes perder una mosca para pescar una trucha.

370. Cuanto más sube el mono, más muestra la cola.

George HERBERT
Poeta inglés (1593-1633)

371. Sepan que olvidar lo malo también es tener memoria.

José HERNÁNDEZ
Poeta y político argentino (1834-1886)

---

372. Por favor, amadme poco si queréis amarme mucho tiempo.

Robert HERRIK
Poeta inglés (1591-1674)

---

373. Si con frecuencia añades lo poco a lo poco, llegarás a lo mucho.

HESÍODO
Poeta griego (770-700 a. C.)

---

374. Nada en el mundo es tan pesado para el hombre como seguir el camino que le conduce a sí mismo.

Hermann HESSE
Poeta y novelista alemán (1877-1962)

375. Si discutieran la cabeza y el corazón, acabaría por decidir el corazón. La pobre cabeza cede siempre, porque es la más prudente.

376. El que se apoya en los demás ve cómo vacila el mundo; el que se apoya en sí mismo se mantiene seguro.

PAUL VON HEYSE
Poeta y novelista alemán (1830-1914)

377. A grandes males, grandes remedios.

HIPÓCRATES
Médico griego (460-377 a. C.)

378. La vida es la guerra de todos contra todos.

THOMAS HOBBES
Filósofo inglés (1588-1679)

379. Muchas ideas crecen cuando se trasplantan a una inteligencia diferente de aquella en que nacieron.

OLIVER WENDELL HOLMES
Médico y escritor norteamericano (1809-1894)

380. El que confiare en sí mismo será caudillo del enjambre.

381. El que no sabe vivir con poco será siempre un esclavo.

382. Los necios, cuando quieren esquivar unos vicios, dan en sus contrarios.

383. Ninguno nace libre de vicios; y el hombre más perfecto es aquel que sólo tiene los pequeños.

384. El que comienza una cosa tiene ya hecha la mitad de ella.

385. Mezcla a tu prudencia un grano de locura.

386. No sacar de la luz humo, sino del humo luz.

387. Procura ser como los aduladores te pintan.

Quinto HORACIO
Poeta latino (65-8 a. C.)

---

388. En amor, la autoridad corresponde por derecho propio al que ama menos.

César François Adolphe D'HOUDETOT
Escritor francés (1799-1869)

---

389. El mejor consejo lo da la experiencia;
pero siempre llega demasiado tarde.

AMELOT DE LA HOUSSAYE
Escritor francés (1634-1706)

390. No hacer nada es el camino para no ser nadie.

NATHANIEL HOWE
Clérigo norteamericano (1764-1837)

391. Todo el que tiene una ocupación
tiene una oportunidad.

ELBERT GREEN HUBBARD
Editor y ensayista norteamericano (1856-1915)

392. Produce una inmensa tristeza pensar
que la naturaleza habla mientras
el género humano no escucha.

393. Quien me insulta siempre, no me ofende
jamás.

394. Nada tan estúpido como vencer; la verdadera
gloria está en convencer.

395. A nadie le faltan fuerzas; lo que a muchísimos les falta es voluntad.

396. El deber tiene una gran semejanza con la felicidad de los demás.

397. En los ojos del joven arde la llama. En los del viejo brilla la luz.

398. Lo malo de la inmortalidad es que hay que morir para alcanzarla.

Victor HUGO
Poeta y novelista francés (1802-1885)

---

399. La experiencia no es lo que te sucede, sino lo que haces con lo que te sucede.

400. La investigación de las enfermedades ha avanzado tanto que cada vez es más difícil encontrar a alguien que esté completamente sano.

Aldous HUXLEY
Novelista y ensayista inglés (1894-1963)

401. La belleza es un acuerdo entre
el contenido y la forma.

Henrik Johan IBSEN
Dramaturgo noruego (1828-1906)

---

402. La sabiduría del sabio no es más que sentido
común en grado poco común.

403. El mejor momento para influir en el carácter
de un niño es unos cien años antes de nacer.

William Ralph INGE
Teólogo y filósofo inglés (1860-1954)

---

404. En la vida no hay premios ni castigos,
sino consecuencias.

Robert Green INGERSOLL
Abogado y escritor norteamericano (1833-1899)

---

405. El sentido común es el instinto de la verdad.

Max JACOB
Escritor francés (1876-1944)

406. El principio más profundo del carácter humano es el anhelo de ser apreciado.

WILLIAM JAMES
Filósofo norteamericano (1842-1910)

407. El pudor es un sólido que sólo se disuelve en alcohol o en dinero.

408. Cuando tiene que decidir el corazón, es mejor que decida la cabeza.

409. La vida es tan amarga que abre a diario las ganas de comer.

410. Hay dos maneras de conseguir la felicidad: una, hacerse el idiota, otra serlo.

ENRIQUE JARDIEL PONCELA
Escritor español (1901-1952)

411. Trabaja en algo para que el diablo te encuentre siempre ocupado.

SAN JERÓNIMO
Padre y doctor de la iglesia (347-420)

412. El amor es como el sarampión: cuanto más tarde llega, peor.

Douglas William JERROLD
Dramaturgo, periodista y humorista inglés (1803-1857)

---

413. La inteligencia no sirve para guiar el instinto, sino para comprenderlo.

Juan Ramón JIMÉNEZ
Poeta español (1881-1958)

---

414. Donde la esperanza no existe, no puede existir el esfuerzo.

415. El gran manantial del placer es la variedad.

416. Los hombres no sospechan culpas que ellos no cometen.

417. Casi todos los absurdos de nuestra conducta nacen de imitar a aquellos a quienes no podemos parecernos.

418. La prudencia da seguridad a la vida, pero pocas veces la hace dichosa.

419. Sin sobriedad nadie puede hacerse rico,
y con ella muy pocos serán pobres.

Samuel JOHNSON
Lexicógrafo y poeta inglés (1709-1784)

---

420. Si la fortuna quiere hacer estimable a un
hombre, le otorga virtudes; si quiere hacerle
estimado, le concede éxitos.

421. Los niños necesitan más modelos que
críticos.

422. Los orgullosos se me figuran tener, como los
enanos, porte de hombres y talla de niños.

423. El genio comienza las obras grandes,
mas sólo el trabajo las termina.

Joseph JOUBERT
Moralista francés (1754-1824)

---

424. La vida no vivida es una enfermedad
de la que se puede morir.

425. Aquel que mira afuera sueña. Quien mira
en su interior despierta.

426. Lo que niegas te somete.
Lo que aceptas te transforma.

CARL GUSTAV JUNG
Psiquiatra suizo (1875-1961)

427. Éste es el castigo más importante del culpable: nunca ser absuelto en el tribunal de su propia conciencia.

428. El hombre honesto es siempre un principiante.

429. Los hombres que tienen los mismos vicios se sostienen mutuamente.

JUVENAL
Poeta satírico latino (60-140)

430. En tu lucha contra el resto del mundo, te aconsejo que te pongas del lado del resto del mundo.

FRANZ KAFKA
Escritor checo (1883-1924)

431. Los grandes espíritus son como las nubes: recogen para derramarse.

KALIDASA
Poeta hindú (353-420)

---

432. La manera de ser es hacer.

433. No es fácil amar a quien se estima demasiado.

434. La libertad es el derecho de escoger a las personas que tendrán la obligación de limitárnosla.

IMMANUEL KANT
Filósofo alemán (1724-1804)

---

435. Tiene mucho de mentira decir verdades que no se sienten.

436. El amor nace de nada y muere de todo.

437. Creo en el Dios que hizo a los hombres, pero no en el que los hombres han hecho.

438. Se llama matrimonio de conveniencia a un matrimonio entre personas que no se convienen en absoluto.

439. El hombre todo lo perfecciona en torno suyo; lo que no acierta es a perfeccionarse a sí mismo.

440. La felicidad se compone de infortunios evitados.

Jean-Baptiste Alphonse KARR
Periodista y novelista francés (1808-1890)

441. Los altavoces refuerzan la voz, pero no los argumentos.

Hans KASPER
Autor teatral alemán (1916-1990)

442. Si todos los años arrancáramos un vicio, pronto seríamos perfectos.

Tomás de KEMPIS
Escritor místico alemán (1379-1471)

443. Utilicemos el tiempo como herramienta,
no como vehículo.

444. Si no podemos poner fin a nuestras
diferencias, contribuyamos a que el
mundo sea un lugar apto para ellas.

JOHN FITZGERALD KENNEDY
Político norteamericano (1917-1963)

445. El futuro no es un regalo, es una conquista.

ROBERT KENNEDY
Político norteamericano (1926-1968)

446. La vida se vive hacia delante, pero se
comprende hacia atrás.

SØREN KIERKEGAARD
Filósofo y teólogo danés (1813-1855)

447. Nadie se nos montará encima si no doblamos
la espalda.

MARTIN LUTHER KING
Pastor pacifista norteamericano (1929-1968)

448. Se es viejo cuando se tiene más alegría
por el pasado que por el futuro.

John KNITTEL
Escritor suizo (1891-1970)

---

449. El amor no se manifiesta en el deseo
de acostarse con alguien, sino en el
deseo de dormir junto a alguien.

Milan KUNDERA
Escritor checo, n. 1929

---

450. El que no ha caído no sabe cómo
es posible levantarse.

Aleksandr Ivanovich KUPRIN
Escritor ruso (1870-1938)

---

451. Mañana es el gran enemigo de hoy.

Édouard René Lefebvre de LABOULAYE
Escritor y político francés (1811-1883)

452. Debido a que prestamos demasiada atención a los defectos de los demás, morimos sin haber tenido tiempo de conocer los nuestros.

453. Cortesía es el arte de parecer por fuera como uno debería ser por dentro.

454. Hay personas que comienzan a hablar un momento antes de haber pensado.

455. El motivo es el que fija el mérito de las acciones humanas, y el desinterés el que las lleva a la perfección.

456. Todo nuestro mal proviene de no poder estar solos.

457. La vida es una tragedia para los que sienten, y una comedia para los que piensan.

458. La pobreza carece de muchas cosas; pero la avaricia carece de todo.

JEAN DE LA BRUYÈRE
Moralista francés (1645-1696)

459. Hombre honrado es aquel que mide sus derechos por sus deberes.

460. El silencio es, después de la palabra, la segunda potencia de este mundo.

461. La libertad es el derecho de hacer lo que no perjudique a los demás.

JEAN-BAPTISTE HENRI LACORDAIRE
Predicador dominico francés (1802-1861)

---

462. Un tonto pobre siempre será tonto. Un tonto rico siempre será rico.

PAUL LAFITTE
Ingeniero francés (1898-1976)

---

463. De nada sirve correr; lo que conviene es partir a tiempo.

464. Con frecuencia encontramos nuestro destino por los caminos que tomamos para evitarlo.

465. Quien mucho ha visto, poco puede haber retenido.

JEAN DE LA FONTAINE
Poeta y fabulista francés (1621-1695)

---

466. La utopía es una verdad prematura.

Alphonse de LAMARTINE
Poeta y político francés (1790-1869)

467. Hay virtudes que no se adquieren sino en la adversidad. No sabemos lo que somos hasta que hemos paladeado la amargura de la desgracia.

Marquesa de LAMBERT (Anne Thérèse de Marguenat de Courcelles)
Escritora francesa (1647-1733)

468. El tiempo puede tener un parto difícil, pero no aborta nunca.

Félicité Robert de LAMENNAIS
Escritor y filósofo francés (1782-1854)

469. Seguramente la bondad no hace tan felices a los hombres como la felicidad los hace buenos.

Walter Savage LANDOR
Poeta y escritor inglés (1775-1864)

470. El que todo lo juzga fácil, encontrará muchas dificultades en su vida.

471. De dos luchadores, el pensador vence.

472. Un viaje de mil millas empieza con un paso.

473. El hombre que sabe no habla; el hombre que habla no sabe.

474. La manera de hacer es ser.

LAO TSÉ
Filósofo chino (570-490 a. C.)

475. La vejez es el infierno de las mujeres.

476. Muchas veces nos avergonzaríamos de nuestras más bellas acciones si la gente viese todos los motivos que las originan.

477. Los que se aplican demasiado a las cosas pequeñas, se hacen casi siempre incapaces de las grandes.

478. Nada impide tanto ser natural como el deseo de parecerlo.

479. Se habla poco cuando la vanidad no toma parte en la conversación.

480. Cuando los vicios nos dejan, nos envanecemos con la creencia de que los hemos dejado.

481. Confesamos los defectos pequeños para persuadir a los demás de que no los tenemos grandes.

482. Las pasiones son los únicos oradores que convencen siempre.

483. Para situarse en el mundo, hay que hacer lo posible por parecer ya situado.

484. Valor perfecto es aquel que lleva a cabo sin testigos lo mismo que sería capaz de hacer delante de todo el mundo.

485. La virtud no caminaría muy lejos si la vanidad no fuese su compañera.

486. Lo que nos impide muchas veces entregarnos en manos de un solo vicio, es el estar prisioneros de multitud de ellos.

487. Nada hay imposible; caminos hay que conducen a todo. Si poseyéramos voluntad suficiente, contaríamos siempre con suficientes medios.

488. En los celos, hay más amor propio que amor.

489. Los viejos se complacen en dar buenos consejos para consolarse de no poder dar malos ejemplos.

490. Se puede ser más listo que otro, pero no más listo que todos los demás.

491. Sólo los grandes hombres tienen grandes defectos.

FRANÇOIS DE LA ROCHEFOUCAULD
Moralista francés (1613-1680)

___

492. El talento no ha de servir para saberlo y decirlo todo, sino para saber lo que se ha de decir de lo que se sabe.

MARIANO JOSÉ DE LARRA
Escritor español (1809-1837)

493. No destruyáis las creencias que hacen a otros felices si no podéis inculcarles otras mejores.

JOHANN CASPAR LAVATER
Filósofo, poeta y teólogo suizo (1741-1801)

---

494. Cuando no se tiene nada que perder se puede muy bien arriesgarlo todo.

JEAN PIERRE LOUIS LAYE
Misionero francés (1853-1900)

---

495. El número puede crear la autoridad, pero no la competencia.

496. El hombre es el verdadero creador de su destino. Cuando no está convencido de ello, no es nada en la vida.

GUSTAVE LE BON
Psicólogo y sociólogo francés (1841-1931)

497. La cobardía es el miedo consentido; el valor es el miedo dominado.

Ernest LEGOUVÉ
Dramaturgo francés (1807-1903)

---

498. Las ideas, como las pulgas, saltan de un hombre a otro. Pero no pican a todo el mundo.

Stanislaw LEM
Escritor polaco (1921-2006)

---

499. Hacemos las reglas para los demás y las excepciones para nosotros mismos.

500. Confieso que es preciso ser virtuoso para ser feliz, pero también sostengo que es menester ser feliz para ser virtuoso.

Charles LEMESLE
Industrial francés (1731-1814)

501. El pájaro, hasta cuando anda, se nota que tiene alas.

Antoine-Marin LEMIERRE
Poeta francés (1723-1793)

502. El amor nunca muere de hambre; con frecuencia de indigestión.

503. La belleza es una carta de recomendación a breve plazo.

504. El matrimonio es la tumba donde enterramos el amor.

Anne LENCLOS (llamada Ninon de Lenclos)
Cortesana francesa (1620-1705)

505. La vida es aquello que te va sucediendo mientras tú te empeñas en hacer otra cosa.

John LENNON
Cantante inglés (1940-1980)

506. Para hacer mal cualquiera es poderoso.

Fray Luis de LEÓN
Poeta y escritor místico español (1527-1591)

507. De mis dolores saco yo mis alegrías.

508. La mujer que más he amado es la que
no he poseído.

Ricardo LEÓN
Novelista y poeta español (1877-1943)

509. Yo no llamo malvado propiamente al que
peca, sino al que peca sin sentir
remordimiento.

510. Los niños hallan el todo en la nada;
los hombres, la nada en el todo.

Giacomo LEOPARDI
Poeta italiano (1798-1837)

511. Casi siempre disculpamos lo que
logramos comprender.

Mijaíl Yúrievich LÉRMONTOV
Poeta ruso (1814-1841)

512. La mujer que hace un mérito de su belleza declara por sí misma que no tiene otro mayor.

JULIE DE LESPINASSE
Escritora francesa (1732-1776)

---

513. Más de uno se equivocó por miedo a equivocarse.

GOTTHOLD EPHRAIM LESSING
Crítico y dramaturgo alemán (1729-1781)

---

514. El tiempo es como el dinero: no lo perdáis y tendréis bastante.

515. La mayoría de nuestras penas nos llegan porque andamos la mitad del camino a su encuentro.

PIERRE-MARC-GASTON DE LÉVIS, DUQUE DE LÉVIS
Moralista francés (1764-1830)

---

516. Yo no sé quien fue mi abuelo; me importa mucho más saber quién será su nieto.

517. Más vale permanecer callado y que sospechen tu necedad, que no hablar y quitarles toda duda de ello.

518. Ningún hombre es lo bastante bueno para gobernar a otros sin su consentimiento.

519. Todos los hombres nacen iguales, pero es la última vez que lo son.

Abraham LINCOLN
Político norteamericano (1809-1865)

---

520. Más vale tarde que nunca.

521. De la obra bien hecha nace la soberbia y la negligencia.

522. Casi siempre sucede que la parte mayor vence a la mejor.

523. Generalmente ganamos la confianza de aquellos en quienes ponemos la nuestra.

Tito LIVIO
Historiador romano (59 a. C.-17 d. C.)

---

524. La franqueza no consiste en decir todo lo que pensamos, sino en pensar todo lo que decimos.

Hippolyte de LIVRY
Escritor francés (1754-1816)

525. Combatirse a sí mismo es la guerra más difícil;
vencerse a sí mismo es la victoria más bella.

Friedrich Von LOGAU
Poeta alemán (1604-1655)

---

526. Cuanto más cerca está la aurora, más
negra es la noche.

527. No es el mal que recibimos el que nos hace
daño, sino el que hacemos a otros.

Henry Wadsworth LONGFELLOW
Poeta norteamericano (1807-1882)

---

528. El amor es la comunión de dos almas
y el contacto de dos epidermis.

Juan José LÓPEZ IBOR
Psiquiatra español (1906-1991)

---

529. Creo haber encontrado el eslabón intermedio
entre el animal y el Homo Sapiens: somos
nosotros.

Konrad LORENZ
Etnólogo austríaco (1903-1989)

530. Morirá sin cumplir su labor quien espera que se la enseñen.

James Russell LOWELL
Poeta y escritor norteamericano (1819-1891)

531. Hay más personas desgraciadas por la falta de lo superfluo que por falta de lo necesario.

Joseph Pelet de la LOZÈRE
Político y escritor francés (1785-1871)

532. Y rara vez la suerte en sus vaivenes conforma las edades con los bienes.

Marco Anneo LUCANO
Poeta épico latino (39-65 d. C.)

533. La constancia no consiste en hacer siempre las mismas cosas, sino las que tienden a un mismo fin.

LUIS XIV
Rey de Francia de 1643 a 1715 (1638-1715)

534. Mi risa es mi espada y mi alegría, mi escudo.

MARTÍN LUTERO
Teólogo y reformador protestante alemán (1483-1546)

---

535. Lo peor que puede hacerse es cruzar
un precipicio en dos saltos.

DAVID LLOYD GEORGE
Estadista inglés (1863-1945)

---

536. La soberbia es el vicio por el cual los hombres
apetecen los honores que no se merecen.

537. Riqueza que sin pobreza no se adquiere no es
gran riqueza.

RAMÓN LLULL
Filósofo y escritor místico español en lengua catalana (1235-1315)

---

538. El que hace un favor a quien lo merece,
él mismo lo recibe.

539. Las leyes buenas tienen su origen en las
malas costumbres.

AMBROSIO TEODOSIO MACROBIO
Gramático latino (finales del s. IV)

---

540. Todo necio confunde valor y precio.

541. Ayudadme a comprender lo que os digo
y os lo explicaré mejor.

542. Hoy es siempre todavía

543. Busca a tu complementario
que marcha siempre contigo
y suele ser tu contrario.

544. Es bueno el que guarda,
cual venta del camino,
para el sediento agua,
para el borracho vino.

545. En mi soledad
he visto cosas muy claras
que no son verdad.

546. Tras el vivir y el soñar,
está lo que más importa;
despertar.

Antonio MACHADO
Poeta español (1875-1939)

547. De querer a no querer
hay un camino muy largo
que todo el mundo recorre
sin saber cómo ni cuándo.

Manuel MACHADO
Poeta y dramaturgo español (1874-1947)

548. No hay más que una educación,
y es el ejemplo.

Gustav MAHLER
Compositor y director de orquesta austríaco (1860-1911)

549. El egoísmo es un don natural; el desinterés,
una conquista personal.

Joseph MAIER
Sociólogo norteamericano (1911-2002)

550. He aprendido que una vida no vale nada, pero
también que nada vale una vida.

André MALRAUX
Novelista francés (1901-1976)

551. Si sale, sale. Si no sale, hay que volver a empezar. Todo lo demás son fantasías.

ÉDOUARD MANET
Pintor francés (1832-1883)

552. ¿Quieres tener mucha gente en tu ayuda? Haz por no necesitar ninguna.

ALESSANDRO MANZONI
Poeta y novelista italiano (1785-1873)

553. Todos ven lo que tú pareces, pocos sienten lo que tú eres.

554. Los hombres ofenden antes al que aman que al que temen.

555. El hombre virtuoso y conocedor del mundo, se alegra menos del bien y se entristece menos por el mal.

MAQUIAVELO (NICCOLÒ MACHIAVELLI)
Escritor y pensador italiano (1469-1527)

556. No sabrás todo lo que valgo hasta que no pueda ser junto a ti todo lo que soy.

Gregorio MARAÑÓN
Médico y escritor español (1887-1960)

557. La fortuna a muchos les concede demasiado, pero a nadie le da bastante.

Marco Valerio MARCIAL
Poeta latino de origen hispano (40-104)

558. Lo que no es útil para la colmena no es útil para la abeja.

559. Nada puede constituir un mal cuando está de acuerdo con la naturaleza.

MARCO AURELIO
Emperador y filósofo romano (121-180)

560. Los débiles esperan la ocasión, los fuertes la provocan.

561. La paciencia es el motor de la naturaleza.

562. La suerte no es más que la habilidad
de aprovechar las ocasiones favorables.

563. Prefiero saber apreciar lo que no puedo tener,
que tener lo que no soy capaz de apreciar.

Orison Swett MARDEN
Escritor norteamericano (1850-1924)

---

564. Es más fácil romper con lo
anterior que sustituirlo.

565. Con demasiada frecuencia algunos hombres
sacrifican el ser al ser distintos.

Julián MARÍAS
Filósofo y ensayista español (1914-2005)

---

566. El verdadero objeto de una gran ciudad
es hacernos desear el campo.

Eduardo MARQUINA
Escritor español (1879-1946)

567. Una idea no es responsable de la gente que cree en ella.

Don MARQUIS
Escritor y periodista norteamericano (1878-1937)

568. No es la política la que crea extraños compañeros de cama, sino el matrimonio.

Julius Henry MARX «Groucho»
Actor y humorista norteamericano (1895-1977)

569. Si tu única herramienta es un martillo, tiendes a tratar cada problema como si fuera un clavo.

Abraham MASLOW
Psicólogo norteamericano (1908-1970)

570. Cuando uno tiene fuerza para vencerse a sí mismo, puede creerse de él que ha nacido para grandes cosas.

Jean Baptiste MASSILLON
Religioso francés (1663-1742)

571. Por la palabra, el hombre es superior
al animal; por el silencio, se hace superior
a sí mismo.

Paul MASSON
Periodista francés (1846-1896)

572. La vejez es una condena sin derecho
a recurso.

Marcello MASTROIANNI
Actor italiano (1924-1996)

573. Si no quieras que te mientan, no preguntes.

574. La gente no busca razones para hacer
lo que quiere hacer; busca excusas.

William Somerset MAUGHAM
Escritor inglés (1874-1965)

575. El arte de vivir consiste en sacrificar
una pasión baja a una pasión más alta.

François MAURIAC
Escritor francés (1885-1970)

576. Ser sincero no es decir todo lo que se piensa, sino no decir nunca lo contrario de lo que se piensa.

577. Una vida grande nace del encuentro de un gran carácter y una gran casualidad.

578. Precisamente porque el destino es inmutable, la suerte depende de nosotros mismos.

579. Es una verdad absoluta que la verdad es relativa.

ANDRÉ MAUROIS (SEUDÓNIMO DE ÉMILE HERZOG)
Novelista y ensayista francés (1885-1967)

580. Muy malo, si me considero; muy bueno, si me comparo.

JUAN MARÍA MAURY
Poeta español (1772-1845)

581. Cansa mucho menos el camino duro que la arena blanda.

MIGUEL MELENDRES
Sacerdote y escritor español en lengua catalana (1909-1974)

582. El que no ha sido azotado,
no ha sido educado.

583. Quien tiene la voluntad tiene la fuerza.

584. Bienaventurado el que tiene talento y dinero,
porque empleará bien este último.

585. Ningún hombre justo se ha hecho rico
rápidamente.

MENANDRO
Poeta y comediógrafo griego (342-292 a. C.)

---

586. Un idealista es aquel que cuando se da cuenta
de que la rosa huele mejor que el repollo llega
a la conclusión de que su sopa será también
más rica.

587. Cuanto más viejo me hago, más desconfío
de la creencia general de que la vejez trae
sabiduría.

Henry Louis MENCKEN
Periodista satírico norteamericano (1880-1956)

---

588. Ciertamente no es buena cosa ser desgraciado, pero sí haberlo sido.

ANTONINE GOMBAUD MERÉ (CHEVALIER DE)
Escritor y cortesano francés (1607-1685)

589. No hay nada que pueda sufrir el cuerpo que no sirva de provecho para el alma.

GEORGE MEREDITH
Novelista y poeta inglés (1828-1909)

590. Todo placer esperado es mayor que el obtenido.

METASTASIO (SEUDÓNIMO DE PIETRO TRAPASSI)
Poeta italiano (1698-1782)

591. Hay que darle un sentido a la vida, por el hecho mismo de que carece de sentido.

HENRY MILLER
Escritor norteamericano (1891-1980)

592. Un pesimista es un optimista bien informado.

ANTONIO MINGOTE
Escritor y dibujante español (1919-2012)

---

593. Para llegar a la Luna, no puedes tener por meta el campanario.

ALBERTO MIRALLES
Autor y director teatral español (1940-2004)

---

594. Un necio instruido es más necio que un necio ignorante.

595. El celoso ama más, pero el que no lo es ama mejor.

596. No es precisamente la razón la que dicta sus normas al amor.

MOLIÈRE (SEUDÓNIMO DE JEAN-BAPTISTE POQUELIN)
Escritor, actor y director teatral francés (1622-1673)

---

597. La semilla que esparcen las naturalezas geniales germina lentamente.

THEODOR MOMMSEN
Historiador y filólogo alemán (1817-1903)

598. Nunca están los hombres más cerca de la estupidez que cuando se creen sabios.

LADY MARY WORTLEY MONTAGU
Poetisa y epistológrafa inglesa (1689-1762)

599. El que teme padecer, padece ya lo que teme.

600. Los hombres se echan en brazos de extraños apoyos para ahorrarse los propios.

MICHEL DE MONTAIGNE
Filósofo y ensayista francés (1533-1592)

601. Por desgracia es muy corto el intervalo entre el tiempo en que se es demasiado joven y el tiempo en que se es demasiado viejo.

602. Las leyes inútiles debilitan las necesarias.

CHARLES LOUIS MONTESQUIEU (BARÓN DE)
Escritor y filósofo francés (1689-1755)

603. Cualquier ayuda innecesaria es un obstáculo para el desarrollo.

MARIA MONTESSORI
Médica y educadora italiana (1870-1952)

604. Sólo es justo que se alabe más que a aquel que mucho sabe, al que mucho supo hacer.

MIGUEL MORENO
Escritor español (1591-1635)

605. Todos los amores terminan mal, porque todos los amores terminan.

LINA MORGAN
Actriz española (1936-2015)

606. Ninguna frontera tienta más al contrabando que la de la edad.

ROBERT MUSIL
Escritor austríaco (1880-1942)

607. Mi vaso es pequeño, pero bebo en mi vaso.

608. El hombre es un aprendiz; el dolor es su eterno maestro.

609. Los proyectos de felicidad son, tal vez, la única felicidad de este mundo.

ALFRED DE MUSSET
Poeta, novelista y comediógrafo francés (1810-1857)

610. Con audacia se puede intentar todo, mas no se puede conseguir todo.

611. Podemos detenernos ascendiendo; muy difícilmente descendiendo.

612. Todo lo que no es natural es imperfecto.

613. El infortunio es la comadrona del ingenio.

614. Sólo el general Bonaparte puede salvar ahora al emperador Napoleón.

615. A los hombres se les gobierna mejor aprovechándose de sus vicios que sirviéndose de sus virtudes.

616. El medio más seguro de guardar la palabra es no darla nunca.

617. La única victoria sobre el amor es la huida.

618. El que sólo practica la virtud para conquistar una gran reputación está muy cerca de caer en el vicio.

619. A la mayor parte de los que no quieren ser oprimidos no les disgustaría ser opresores.

620. Nada tan difícil como decidirse.

621. El hombre no tiene amigos: los tiene su felicidad.

NAPOLEÓN BONAPARTE
Militar, político y emperador de Francia (1769-1821)

622. Ha llegado el momento de que todos los hombres buenos acudan en ayuda de sí mismos.

Horatio NELSON (Vizconde de)
Almirante inglés (1758-1805)

---

623. Lo que nos hace sufrir nunca es una tontería, puesto que nos hace sufrir.

624. Veo, al final de mi rudo camino,
que yo fui el arquitecto de mi propio destino.

625. Si no te quieren como tú quieres que te quieran, ¿qué importa que te quieran?

Amado NERVO
Poeta y escritor mexicano (1870-1919)

---

626. El que nos encontremos tan a gusto en plena naturaleza proviene de que ésta no tiene opinión sobre nosotros.

627. Te castigan por tus virtudes. Sólo perdonan sinceramente tus errores.

628. Sólo comprendemos las preguntas que sabemos contestar.

629. Hay quien llama virtudes a la pereza
de sus vicios.

630. Cuanto más se eleva un hombre,
más pequeño les parece a quienes
no saben volar.

631. Derechos iguales para todos:
he ahí la más maravillosa injusticia, pues son
precisamente los hombres superiores
las únicas víctimas de ese régimen.

632. Hay espíritus que enturbian sus aguas
para hacerlas parecer profundas.

633. Lo que no me mata me fortalece.

634. Quien no pueda mandarse a sí mismo
debe obedecer.

635. Cuando la virtud ha dormido, se despierta
más fresca.

636. El hombre es el único animal que sufre
tan intensamente que ha tenido
que inventar la risa.

637. La valía de un hombre se mide
por la cuantía de soledad que le es
posible soportar.

Friedrich Wilhelm NIETZSCHE
Filósofo alemán (1844-1900)

---

638. Se ve más el vicio que la virtud, porque el vicio
es vanidoso y la virtud, modesta.

Cándido NOCEDAL
Político y orador español (1821-1885)

---

639. Cuando uno quiere, siempre puede.

**NOVALIS (Seudónimo de Friedrich
von Hardenberg)**
Poeta alemán (1772-1801)

---

640. No hay en el mundo peor bancarrota que la
del hombre que ha perdido su entusiasmo.

Eugeni d'ORS
Ensayista y filósofo español (1881-1954)

641. El río se abre un cauce y luego el cauce esclaviza el río.

642. Sólo conoce los caminos rectos quien erró alguna vez por los torcidos.

643. La técnica es el esfuerzo para ahorrar esfuerzo.

644. Siempre que enseñes, enseña a la vez a dudar de lo que enseñas.

José ORTEGA Y GASSET
Filósofo y ensayista español (1883-1955)

---

645. La gota horada la piedra no por su fuerza, sino por su constancia.

Publio OVIDIO
Poeta latino (43 a. C.-18 d. C.)

---

646. Cuando no tenemos una cruz grande que soportar, nos la fabricamos con dos palitos.

Armando PALACIO
Novelista español (1853-1938)

647. Si recto quieres ir, solo camina;
quien se apoya, se inclina.

MANUEL DEL PALACIO
Poeta español (1831-1906)

---

648. Todos nos consolamos pensando que este
presente no es más que un prefacio de la
bella novela del porvenir.

GIOVANNI PAPINI
Escritor italiano (1881-1956)

---

649. El veneno está en la dosis.

**PARACELSO (SEUDÓNIMO DE THEOPHRASTUS
VON HOHENHEIM)**
Médico y alquimista suizo (1493-1541)

---

650. Nunca el hombre llega a caer tan bajo
como cuando estima que no puede
haber nada superior a él.

651. La democracia no significa «valgo tanto
como tú», sino «vales tanto como yo».

THEODORE PARKER
Clérigo y antiesclavista norteamericano (1810-1860)

---

652. El corazón tiene razones que la razón no comprende.

653. Poca cosa nos consuela, porque poca cosa nos aflige.

654. Los hábitos son una segunda naturaleza que destruyen a la primera.

655. No hay más que dos especies de hombres: una, la de los justos que se creen pecadores; y otra, la de los pecadores que se creen justos.

BLAISE PASCAL
Matemático, físico y moralista francés (1623-1662)

---

656. Hay algo más triste que envejecer, y es seguir siendo niño.

CESARE PAVESE
Traductor, novelista y poeta italiano (1908-1950)

---

657. Si te detienes cada vez que un perro ladra, nunca llegarás al final de tu camino.

JUAN CARLOS PAZ
Compositor argentino (1901-1972)

---

658. He resuelto despreciar
toda ambición desmedida
y no pedirle a la vida
lo que no me puede dar.

JOSÉ MARÍA PEMÁN
Escritor español (1898-1981)

659. Lo que llamamos suerte no es más
que la proyección de nuestras
cualidades y defectos.

BENITO PÉREZ GALDÓS
Novelista y dramaturgo español (1843-1920)

660. El pez grande se come al chico.

PERICLES
General y político ateniense (495-429 a. C.)

661. De los fumadores podemos aprender
la tolerancia. Todavía no conozco uno solo que
se haya quejado de los no fumadores.

ALESSANDRO PERTINI
Político italiano (1896-1990)

662. El que de otros habla mal,
a sí mismo se condena.

Francesco PETRARCA
Poeta y humanista italiano (1304 – 1374)

663. La nieve permanece largo tiempo sobre
los suelos pedregosos, pero desaparece
pronto sobre las tierras cultivadas.

664. Puedes casarte o permanecer soltero,
de las dos cosas tendrás que arrepentirte.

Cayo PETRONIO
Escritor satírico romano (14/27 – 65)

665. La pequeñez del hombre no advierte
la grandeza de las menudencias.

Wendell PHILIPS
Orador norteamericano (1811-1884)

666. Cuando me dicen que soy demasiado viejo para hacer algo, procuro hacerlo inmediatamente.

667. Lleva tiempo llegar a ser joven.

PABLO RUIZ PICASSO
Pintor español (1881-1973)

---

668. Los hombres han construido demasiados muros y no suficientes puentes.

DOMINIQUE GEORGES PIRE
Religioso belga (1910-1969)

---

669. Aprende a conocer el momento oportuno.

PÍTACO DE MITILENE
Sabio griego (650-569 a. C.)

---

670. No desprecies a nadie: un átomo hace sombra.

671. Ayuda a tus semejantes a levantar su carga, pero no a llevarla.

672. Entre dos hombres iguales en fuerza, el que tiene razón es el más fuerte.

673. Educad a los niños y no será necesario castigar a los hombres.

674. Consuélate de soportar las injusticias: la verdadera desgracia consiste en cometerlas.

675. El hombre es moral por sus temores e inmoral por sus deseos.

PITÁGORAS
Filósofo y matemático griego (582-500 a. C.)

676. En toda lucha entre el amor y la costumbre, lo que sucumbe siempre es el amor.

PITIGRILLI (SEUDÓNIMO DE DINO SEGRE)
Escritor italiano (1893-1975)

677. La facultad más fuerte del hombre es el olvido.

JOSEP PLA
Escritor español en lengua catalana (1897-1981)

678. Los regalos son alivio del agradecimiento.

679. El mejor guardián de una cosa cualquiera puede ser su más hábil ladrón.

680. Buscando el bien de nuestros semejantes encontraremos el nuestro.

681. Teme a la vejez, porque nunca viene sola.

682. Es preferible dejar a los hijos un buen caudal de conciencia que de oro.

683. Donde reina el amor, las leyes sobran.

PLATÓN
Filósofo griego (428-347 a. C.)

---

684. Mientras vamos en pos de lo incierto, perdemos lo seguro.

685. Jamás el ratón confía a un solo agujero su destino.

686. El amor es tan rico en miel como en hiel.

687. El hombre es un lobo para el hombre.

688. El sabio es artífice de su propia fortuna.

Tito Maccio PLAUTO
Comediógrafo latino (254-184 a. C.)

---

689. Cuanto más práctico, más suerte tengo.

GARY PLAYER
Jugador de golf sudafricano, n. 1935

---

690. Disfrutar de todos los placeres es insensato;
evitarlos, insensible.

691. El que tiene muchos vicios tiene muchos
amos.

692. El ojo del amo engorda al caballo.

693. Mientras los necios deciden, los inteligentes
deliberan.

PLUTARCO
Historiador griego (50–125 d. C.)

---

694. La felicidad es una estación de parada
entre lo poco y lo demasiado.

CHANNING POLLOCK
Autor dramático norteamericano (1880-1946)

695. Las palabras son como las hojas.
Cuando abundan, poco fruto hay entre ellas.

696. Bienaventurado el que nada espera, porque
nunca sufrirá desengaños.

697. La mar junta las tierras que ella misma ha
separado.

698. Las mejores frutas son las que han sido
picadas de los pájaros: los hombres más
de bien son aquellos en quienes se ha cebado
la calumnia.

ALEXANDER POPE
Escritor inglés (1688-1744)

699. El fausto exterior puede adornar al vicio,
pero nunca embellecerlo.

ANTOINE-FRANÇOIS PREVOST (ABATE DE)
Escritor francés (1697-1763)

700. Sobre todas las cosas pueden hacerse dos afirmaciones exactamente contrarias.

701. El hombre es la medida de todas las cosas.

PROTÁGORAS
Filósofo griego (485-410 a. C.)

---

702. El que no lleva su cruz no merece corona.

JOHN QUARLES
Poeta inglés (1624-1665)

---

703. El que quiere en esta vida todas las cosas a su gusto, tendrá muchos disgustos en su vida.

704. Los pecados para aborrecerlos, no es menester más que cometerlos.

705. Hoy no es ayer; mañana no ha llegado.

706. Afición es todo lo que vence a la razón.

707. ¿Quieres acrecentar tus virtudes? Procura encubrirlas.

708. Nadie ofrece tanto como el que nada piensa cumplir.

709. El valiente tiene miedo del contrario;
el cobarde tiene miedo de su propio temor.

710. Con más paciencia sufre la reprensión el que
menos la merece.

711. El ánimo que piensa en lo que puede temer,
empieza a temer lo que pueda pensar.

712. Quien recibe lo que no merece, pocas veces lo
agradece.

713. Bien acierta quien sospecha que siempre
yerra.

714. Más fácil es escribir contra la soberbia que
vencerla.

715. Todos anhelamos llegar a viejos y todos
negamos que hemos llegado.

716. Donde hay poca justicia es grave tener razón.

FRANCISCO DE QUEVEDO
Poeta y escritor satírico español (1580-1645)

717. Si confieres un beneficio, nunca lo recuerdes; si lo recibes, nunca lo olvides.

QUILÓN DE ESPARTA
Uno de los siete sabios de Grecia (?-579 a. C.)

---

718. No vivo para comer; sino que como para vivir.

719. Del maldiciente al malhechor sólo media la ocasión.

720. El que pretende pasar por sabio entre los necios, pasa por necio entre los sabios.

MARCO FABIO QUINTILIANO
Retórico hispanorromano (30-100 d. C.)

---

721. Los ríos más profundos son siempre los más silenciosos.

722. Prefiero lamentarme de la suerte que avergonzarme de la victoria.

CURCIO RUFUS QUINTO
Historiador latino (s. IV d. C.)

---

723. Todo llega a tiempo al que puede aguardar.

724. Ciencia sin conciencia no es más que ruina del alma.

François RABELAIS
Novelista y escritor satírico francés (1494-1553)

725. Los más desgraciados no osan llorar tanto como los demás.

Jean Baptiste RACINE
Poeta y escritor dramático francés (1639-1699)

726. La gloria no es otra cosa que un olvido aplazado.

Santiago RAMÓN Y CAJAL
Histólogo español (1852-1934)

727. No basta con huir, hay que huir en la buena dirección.

Charles-Ferdinand RAMUZ
Poeta y novelista suizo (1878-1947)

728. En una sociedad donde no hay algo por lo que valga la pena morir, tampoco vale la pena vivir.

JOSEPH RATZINGER (PAPA BENEDICTO XVI)
Teólogo alemán, n. 1927

---

729. Quien no sabe el camino del mar, debe elegir el río por compañero.

730. La picardía puede servir para un corto paseo, mas para todo el camino la honradez es lo mejor.

JOHN RAY
Naturalista inglés (1627-1705)

---

731. No sabe más el que más cosas sabe, sino el que sabe las que más importan.

BERNARDINO DE REBOLLEDO (CONDE DE)
Poeta español (1597-1676)

---

732. Un hombre lleno de sí mismo siempre está vacío.

CHARLES RÉGISMANSET
Poeta y novelista francés (1877–1945)

---

733. Hubo una edad de oro cuando no se conocía todavía el oro.

Heinrich Gustav REICHENBACH
Naturalista alemán (1793-1879)

734. La desgracia puede debilitar la confianza, pero no debe quebrantar la convicción.

Condesa de REMUSAT (Claire Elisabeth Gravier de Vergennes)
Escritora francesa (1780-1821)

735. Los golpes de la adversidad son muy amargos, pero nunca son estériles.

736. La felicidad de la vida es el trabajo libremente aceptado como un deber.

Ernest RENAN
Filólogo e historiador francés (1823-1892)

737. Di de vez en cuando la verdad, a fin de que te crean cuando mientes.

Pierre-Jules RENARD
Literato francés (1864-1910)

738. Suerte es, la más de las veces, el nombre que se aplica al mérito de los demás.

Étienne REY
Autor dramático francés (1879-1965)

739. De todos los medios que conducen a la fortuna, los más seguros son la perseverancia y el trabajo.

Louis REYBAUD
Escritor francés (1799-1879)

740. La honradez se detiene ante la puerta y llama; el soborno entra.

Barnabe RICH
Escritor y militar inglés (1540-1617)

741. Es maravilloso ser importante,
pero es más importante ser maravilloso.

Milton RICHMAN
Periodista norteamericano (1922-1986)

---

742. La alegría es el cielo bajo el cual todo
prospera.

743. La vejez no es triste porque cesan nuestras
alegrías sino porque acaban nuestras
esperanzas.

Johann Paul Friedrich RICHTER
Novelista alemán (1763-1825)

---

744. El éxito no está tanto en el lápiz como en la
goma de borrar.

James Whitcomb RILEY
Poeta norteamericano (1849-1916)

745. Se ha dicho con acierto que la
multitud tiene muchas cabezas,
pero ningún cerebro.

746. Se necesita tener el apetito de un pobre
para disfrutar bien de las riquezas de un rico.

747. Las ideas son capitales que sólo ganan interés
entre las manos del talento.

ANTOINE DE RIVAROL (CONDE DE)
Escritor francés (1753-1801)

---

748. Si de los otoños hacemos primaveras,
el invierno siempre estará lejos.

CARLOS RODRÍGUEZ
Poeta urbano, Rambla de Barcelona

---

749. Cuando me acepto como soy,
puedo modificarme.

KARL RANSOM «CARL» ROGERS
Psicólogo estadounidense (1902-1987)

---

750. Ya queda vengado
quien no se venga pudiendo.

Francisco de ROJAS ZORRILLA
Autor dramático español (1607-1648)

751. Lo que hace que la ingenuidad sea tan
agradable es que no puede durar mucho.

Antonin François RONDELET
Filósofo y economista francés (1823-1893)

752. Recuerda: nadie puede hacer que te sientas
inferior sin tu consentimiento.

Eleanor ROOSEVELT
Política norteamericana (1884-1962)

753. Quien va con hambre a la mesa y cansado
a la cama, no necesita manjares selectos
ni colchón de pluma.

Salvatore ROSA
Pintor y poeta italiano (1615-1673)

754. Para abrirse un nuevo camino,
hay que ser capaz de perderse.

755. Ser adulto es estar solo.

JEAN ROSTAND
Literato francés (1894-1977)

756. Podemos leer el porvenir, mirando el pasado.

JEAN DE ROTROU
Poeta dramático francés (1609-1650)

757. Cuanto más débil es el cuerpo, más manda;
cuanto más fuerte es, más obedece.

758. Es muy difícil someter a la obediencia a aquel
que no busca mandar.

759. La paciencia es amarga, pero sus frutos
son dulces.

760. Quien no aborrece mucho el vicio,
no ama mucho la virtud.

JEAN-JACQUES ROUSSEAU
Filósofo y novelista suizo (1712-1778)

761. El que dice bien de sí, murmura del mayor amigo que tiene.

JUAN RUFO
Poeta español (1547-1620)

762. Nunca un mal amante es buen marido.

763. Nunca mucho costó poco.

JUAN RUIZ DE ALARCÓN
Poeta español (1581-1639)

764. La felicidad no es una estación a la que se llega, sino una manera de viajar.

MARGARET LEE RUNBECK
Escritora norteamericana (1905-1956)

765. Quienes buscan la verdad merecen el castigo de encontrarla.

SANTIAGO RUSIÑOL
Pintor y escritor español (1861-1931)

766. Educar a un joven no es hacerle aprender algo que no sabía, sino hacer de él alguien que no existía.

John RUSKIN
Crítico de arte y reformador social inglés (1819-1900)

---

767. Los científicos se esfuerzan por hacer posible lo imposible. Los políticos,
por hacer imposible lo posible.

Bertrand Arthur William RUSSELL
Político y filósofo inglés (1872-1970)

---

768. La salud, lo mismo que la fortuna, retira sus favores a los que abusan de ella.

Charles de SAINT-ÉVREMOND (Señor de)
Escritor francés (1614-1703)

---

769. La huida no ha llevado a nadie a ningún sitio.

770. Amar no es mirarse el uno al otro, sino mirar juntos en la misma dirección.

Antoine de SAINT-EXUPÉRY
Aviador y escritor francés (1900-1944)

---

771. El que se apresura a enriquecerse
no es inocente.

SALOMÓN (Rey)
(970-931 a. C.)

---

772. Cada cual es artífice de su propia fortuna.

Cayo SALUSTIO
Historiador romano (86-35 a. C.)

---

773. Dios ha puesto el placer tan cerca del dolor,
que muchas veces se llora de alegría.

**George SAND (Seudónimo de Amandine Lucile
Dupin, Baronesa de Dudevant)**
Novelista francesa (1804-1876)

---

774. Los placeres son como los alimentos: los más
simples son los que menos cansan.

Joseph SANIAL-DUBAY
Escritor francés (1754-1817)

775. El fanatismo consiste en redoblar el esfuerzo, después de haber olvidado el fin.

GEORGE SANTAYANA (JORGE RUIZ DE SANTAYANA)
Filósofo, poeta y ensayista norteamericano de origen español (1863-1952)

---

776. Nadie cree en mi palabra. Tengo el aire demasiado inteligente para que piensen que la voy a mantener.

777. Si te sientes solo cuando estás solo, es que te encuentras en mala compañía.

JEAN-PAUL SARTRE
Filósofo francés (1905-1980)

---

778. La sabiduría es el arte de emplear bien la ignorancia.

FERNANDO SAVATER
Filósofo español, (1947)

779. Una de las mayores pruebas de mediocridad es no acertar a reconocer la superioridad de otros.

JEAN-BAPTISTE SAY
Economista francés (1767-1832)

---

780. En las grandes adversidades toda alma noble aprende a conocerse mejor.

781. El tiempo es el ángel del hombre.

782. Sólo la fantasía permanece siempre joven; lo que no ha ocurrido jamás no envejece nunca.

JOHANN CHRISTOPH FRIEDRICH VON SCHILLER
Poeta y dramaturgo alemán (1759-1805)

---

783. Los hombres vulgares han inventado la vida en sociedad, porque les es más fácil soportar a los demás que soportarse a sí mismos.

784. Nadie es realmente digno de envidia.

785. No hay ningún viento favorable para quien no sabe a qué punto se dirige.

786. No hay victoria sin lucha.

787. La modestia, en el hombre de talento, es cosa honesta; en los grandes genios, hipocresía.

788. Lo que repugna al corazón tampoco agrada a la cabeza.

789. Desear la inmortalidad es desear la perpetuación de un gran error.

790. Las religiones, como las luciérnagas, necesitan de oscuridad para brillar.

791. Los hombres superficiales tratan de llenar su tiempo; los sensatos lo utilizan.

ARTHUR SCHOPENHAUER
Filósofo alemán (1788-1860)

792. La personalidad es al hombre lo que el perfume a la flor.

CHARLES MICHAEL SCHWAB
Empresario norteamericano (1862-1939)

793. Nunca es poco lo que es bastante; nunca es bastante lo que es mucho.

794. No he nacido para un solo rincón.
Mi patria es todo el mundo.

795. Los hombres mientras enseñan, aprenden.

796. A algunos se les considera grandes porque también se cuenta el pedestal.

797. No aprendemos gracias a la escuela, sino gracias a la vida.

798. La vida es larga si sabemos llenarla.

799. Lo que no puedas corregir o evitar, conviene soportarlo con paciencia.

800. Si echas mano del día de hoy, dependerás menos del de mañana.

801. Determínese despacio lo que para siempre se resuelve.

802. Perdona siempre a los demás, nunca a ti mismo.

803. El que pide con timidez invita a negar.

804. Ningún árbol es fuerte sin continuos vientos; pues con ellos se fortifican sus raíces.

805. No se debe imitar a uno solo, aunque sea el más sabio.

806. Pesa las opiniones, no las cuentes.

807. Tuyo haces el vicio que a tu amigo disimulas.

808. Saber más que los otros es fácil, lo difícil es saber algo mejor que los otros.

809. A nadie le llega la buena intención antes que la mala.

810. Parte de la curación está en la voluntad de sanar.

811. Lo que fue duro de padecer es dulce de recordar.

812. El premio de una buena acción es haberla hecho.

813. Trata a tu inferior como quieras ser tratado por tu superior.

814. No es la dificultad la que impide atreverse, sino que de no atreverse viene toda la dificultad.

815. La mejor medida para el dinero es aquella que no deja caer en la pobreza ni alejarse mucho de ella.

816. Procúrate la satisfacción de ver que mueren tus vicios antes que tú.

Lucio Anneo SÉNECA
Filósofo estoico, moralista y autor dramático latino (4 a. C.– 65 d. C.)

817. Cada cual es como Dios lo ha hecho, pero llega a ser como él mismo se hace.

Miguel SERVET
Médico y teólogo español (1511-1553)

818. Jamás trabaja en vano el virtuoso, que la virtud es premio de sí misma.

Joaquín SETANTÍ
Escritor moralista español (1540-1617)

819. El destino es el que baraja las cartas,
pero nosotros somos los que jugamos.

820. Cuando son dos a cabalgar en un caballo,
uno de ellos tiene que ir detrás.

821. Los recursos que pedimos al Cielo se hallan en
nuestras manos la mayor parte de las veces.

822. Para conseguir lo que quieras te valdrá más la
sonrisa que la espada.

823. El temer lo peor es, con frecuencia, el medio
de remediarlo.

824. El pasado es un prólogo.

825. Fuertes razones hacen fuertes acciones.

826. Hay caídas que nos sirven para levantarnos
más felices.

827. Las maldiciones no van más allá de los labios
que las profieren.

828. Sabemos lo que somos, mas no sabemos lo
que podemos ser.

829. No merece gustar la miel quien se aparta
de la colmena porque las abejas tienen aguijón.

830. El trabajo en que hallamos placer cura la pena que causa.

831. Allí donde el agua alcanza su mayor profundidad, se mantiene más en calma.

WILLIAM SHAKESPEARE
Poeta y dramaturgo inglés (1564-1616)

832. Es muy fácil ser respetable cuando no se tiene oportunidad de ser otra cosa.

833. El hombre puede trepar hasta las más altas cumbres, pero no puede vivir allí mucho tiempo.

834. La santidad es el único camino por el cual se puede llegar a ser famoso sin hacer nada.

835. El sufrimiento más intolerable es el que produce la prolongación del placer más intenso.

836. Nadie ataca a un león cuando el campo está lleno de ovejas.

837. Dichoso el que tiene una profesión que coincide con su afición.

GEORGE BERNARD SHAW
Dramaturgo, novelista y crítico irlandés (1856-1950)

838. Nunca se encuentran solos quienes están acompañados de altos pensamientos.

PHILIP SIDNEY
Militar y poeta inglés (1554-1586)

839. Muchas veces se arrepiente uno de haber hablado y casi nunca de haber callado.

SIMÓNIDES DE CEOS
Poeta griego (556-468 a. C.)

840. El que persigue dos liebres no coge ninguna.

841. El tiempo de reflexión es una economía de tiempo.

842. Quien sólo vive para sí ha muerto para los demás.

843. Nadie llegó a la cumbre acompañado del miedo.

844. La oportunidad se presenta tarde y se marcha pronto.

845. Con los defectos de los demás el sabio corrige los propios.

846. El hoy es discípulo del ayer.

847. Al pobre le faltan muchas cosas, pero al avaro todas.

Publilio SIRO
Autor latino epigramático y compilador de máximas (s. I a. C.)

---

848. El que nunca comete un error nunca hace un descubrimiento.

Samuel SMILES
Escritor moralista y sociólogo escocés (1812-1904)

---

849. La caridad comienza por nosotros mismos, y la mayoría de las veces acaba donde comienza.

HORACE SMITH
Poeta satírico inglés (1779-1849)

---

850. Alcanzarás buena reputación esforzándote en ser lo que quieres parecer.

851. Comenzar bien no es poco, pero tampoco es mucho.

852. Sólo sé que no sé nada.

853. El hombre que no piensa sino en vivir, no vive.

SÓCRATES
Filósofo griego (470-399 a. C.)

---

854. Todo son ruidos para quien tiene miedo.

SÓFOCLES
Poeta trágico griego (495-406 a. C.)

---

855. Oscuro es el abismo del tiempo, pero se nos ha dado luz suficiente para guiar nuestros pasos.

ROBERT SOUTHEY
Poeta y literato inglés(1774-1843)

---

856. El mejoramiento de una sociedad es imposible sin un mejoramiento de los individuos.

857. El objetivo de la educación es formar seres aptos para gobernarse a sí mismos, y no para ser gobernados por los demás.

HERBERT SPENCER
Filósofo inglés (1820-1903)

---

858. Envidiar a alguien es considerarse inferior.

BARUCH SPINOZA
Filósofo holandés (1632-1677)

---

859. Cuando somos capaces de conocernos a nosotros mismos, rara vez nos equivocamos sobre nuestro destino.

860. ¿Qué es la felicidad sino el desarrollo de nuestras facultades?

ANNE-LOUISE GERMAINE NECKER, MADAME DE STÄEL
Novelista y literata francesa (1766-1817)

---

861. Procura hacerte digno de todos los favores, pero no aceptes ninguno.

WALLACE STEVENS
Poeta norteamericano (1879-1955)

---

862. Ser lo que somos y llegar a ser lo que somos capaces de ser es el único fin de la vida.

ROBERT LOUIS STEVENSON
Poeta, novelista y ensayista inglés (1850-1894)

---

863. El mejor estado de la naturaleza es aquel en que no habiendo ningún pobre nadie desea ser más rico.

JOHN STUART MILL
Economista y filósofo inglés (1806-1873)

864. El buen pastor debe esquilar sus ovejas, no despellejarlas.

SUETONIO
Historiador romano (69-141)

865. Resignarse es colocar a Dios entre el dolor y uno mismo.

866. Los viajes son la parte frívola de la vida de las personas serias y la parte seria de la vida de las personas frívolas.

867. Las cadenas que más nos aprisionan son aquellas que menos nos pesan.

MADAME ANNE SOPHIE SWETCHINE
Escritora rusa (1782-1857)

868. Es un axioma que aquel a quien todos conceden el segundo lugar tiene méritos indudables para ocupar el primero.

869. Tenemos bastante religión como para odiarnos, pero no suficiente para amarnos.

870. Ningún hombre sabio ha querido nunca ser más joven.

JONATHAN SWIFT
Escritor irlandés (1667-1745)

871. ¿Quieres ser grande? Que tu persona desaparezca detrás de tus obras.

CARMEN SYLVA (SEUDÓNIMO LITERARIO DE LA REINA ISABEL DE RUMANÍA)
Escritora rumana (1843-1916)

872. Si se castiga al ingenio aumenta su autoridad.

PUBLIO CORNELIO TÁCITO
Historiador latino (55-120 d. C.)

873. Si no tienes apetito, no des la culpa a tu comida.

874. Si de noche lloras por el sol, las lágrimas no te dejarán ver las estrellas.

875. La alabanza me avergüenza porque la deseo en secreto.

876. No te entretengas en arrancar flores para guardarlas; sigue caminando y las flores alegrarán tu camino.

877. Si cierras la puerta a todos los errores, dejarás fuera la verdad.

878. El que se ocupa demasiado en hacer el bien, no tiene tiempo de ser bueno.

879. Los hombres son crueles, pero el hombre es bueno.

880. El hombre se adentra en la multitud para ahogar el clamor de su propio silencio.

881. Para llegar al momento de la realización es preciso atravesar el desierto de los años estériles.

Rabindranath TAGORE
Poeta hindú (1861-1941)

882. La esperanza es el único bien común a todos los hombres; los que todo lo han perdido la poseen aún.

883. Tan fácil le es al sabio enriquecerse como difícil que desee ser rico.

884. Espera de tu hijo lo que has hecho con tu padre.

885. Nada hay tan difícil como conocerse a sí mismo.

TALES DE MILETO
Matemático y filósofo griego (624-546 a. C.)

886. La palabra se le ha dado al hombre para que pueda encubrir su pensamiento.

887. Nada tiene más éxito que el éxito.

CHARLES MAURICE DE TALLEYRAND
Estadista francés (1754-1838)

888. No te empeñes en estar bien con todo el mundo si quieres estar bien contigo mismo.

889. Sólo cree saber bastante el que no sabe nada.

Manuel TAMAYO Y BAUS
Dramaturgo español (1829-1898)

---

890. Mientras hay vida hay esperanza.

TEÓCRITO
Poeta griego (s. IV-III a. C.)

---

891. Todas mis esperanzas están en mí.

892. Hombre soy y nada humano me es ajeno.

Publio TERENCIO
Comediógrafo latino (190-159 a. C.)

893. Si abren los padres los ojos, no andarán ciegos los hijos.

894. La verdad padece, pero no perece.

895. La que no para de andar, aunque se retarde, llega.

SANTA TERESA DE JESÚS
Escritora mística española (1515-1582)

---

896. El humor es una de las mejores prendas que se pueden vestir en sociedad.

WILLIAM MAKEPEACE THACKERAY
Novelista inglés (1811-1863)

---

897. Soy del parecer que la civilización se ha preocupado más de refinar los vicios que de perfeccionar la virtud.

898. La política es el arte de disfrazar de interés general el interés particular.

EDMOND THIAUDIÈRE
Novelista y filósofo francés (1837-1898)

899. En mi casa había tres sillas: una para
la soledad, dos para la amistad, tres
para la sociedad.

900. El tiempo no es sino la corriente en la que
estás pescando.

901. La moral no consiste solamente en ser bueno,
sino también en ser bueno para algo.

902. El hombre es rico en proporción a las cosas
que puede desechar.

Henry David THOREAU
Poeta y ensayista norteamericano (1817-1862)

---

903. ¡Queridos amigos míos! El placer llega,
pero no para quedarse.

Theodore TILTON
Periodista y poeta norteamericano (1835-1907)

---

904. Dios es un círculo cuyo centro está
en todas partes y la circunferencia
en ninguna.

TIMEO de Locres
Historiador griego (356-260 a. C.)

---

905. Por lo que tiene de fuego, suele apagarse el amor.

Tirso de MOLINA
(Seudónimo de Fray Gabriel Téllez)
Dramaturgo español (1584-1648)

---

906. Para sacar provecho de los bienes de la sociedad es preciso someterse a sus cargas.

Alexis Henri Charles de Clérel de TOCQUEVILLE (Vizconde de)
Político e historiador francés (1805-1859)

---

907. Comprenderlo todo es perdonarlo todo.

908. No obréis mal y el mal no existirá.

909. El secreto de la felicidad no está en hacer siempre lo que se quiere, sino en querer siempre lo que se hace.

Lev Nikoláievich TOLSTOI
Novelista y reformador social ruso (1828-1910)

---

910. Dad el consejo a tiempo y daréis pocos.

911. El hombre a quien el dolor no educó siempre será un niño.

912. El matrimonio es como la muerte: pocos llegan a él convenientemente preparados.

Niccolò TOMMASEO
Literato y filólogo italiano (1802-1874)

---

913. El mayor castigo para quienes no se interesan por la política es que serán gobernados por personas que sí se interesan.

Arnold Joseph TOYNBEE
Historiador inglés (1889-1975)

---

914. Un pesimista es un optimista con experiencia.

François TRUFFAUT
Director de cine francés (1932-1985)

---

915. Entre hombre y hombre no hay gran diferencia. La superioridad consiste en aprovechar las lecciones de la experiencia.

TUCÍDIDES
Historiador ateniense (460-396 a. C.)

---

916. Promulgamos multitud de leyes que fabrican delincuentes, y luego unas pocas que los castigan.

Josiah TUCKER
Economista y escritor inglés (1712-1799)

---

917. El éxito es un fracaso que nunca se dio por vencido.

Arthur TUGMAN
(1863-1947)

---

918. No sería deseable que todos pensáramos igual. La diferencia de opiniones es lo que hace posible las carreras de caballos.

919. Nunca he dejado que mi instrucción escolar se interfiriera en mi educación.

920. Hay muchos excelentes medios de protegerse contra la tentación pero el más seguro es la cobardía.

921. El hombre es un experimento; el tiempo demostrará si valía la pena.

MARK TWAIN
Escritor norteamericano (1835-1910)

---

922. Hay gente tan llena de sentido común, que no le queda el más pequeño rincón para el sentido propio.

923. Con maderas de recuerdos armamos las esperanzas.

924. Siente el pensamiento, piensa el sentimiento.

925. La mayoría de los que presumen de cambiar de ideas nunca las han tenido.

926. El modo de dar una vez en el clavo es dar cien veces en la herradura.

927. Es menester que los hombres tengan ideas, suele decirse. Yo sin negar esto, diría más bien: es menester que las ideas tengan hombres.

928. Un pedante es un estúpido adulterado por el estudio.

929. No hay desgracia mayor que la del hombre que llega a creerse inteligente porque tuvo fortuna en sus negocios.

930. Quien venga a mi tahona que no busque pan, sino fermento.

931. Una de las ventajas de no ser feliz es que se puede desear la felicidad.

MIGUEL DE UNAMUNO
Ensayista, poeta y filósofo español (1864-1936)

932. ¡Cuántas veces no lava una mano a la otra y quedan las dos sucias!

JOSEPH UNGER
Escritor alemán (1882-1949)

933. Nada más original que nutrirse de los demás. El león está hecho de cordero asimilado.

934. Nuestros pensamientos más importantes son los que contradicen a nuestros sentimientos.

935. El hombre es un animal encerrado en el exterior de su jaula.

936. La incomprensión ajena nos obliga a mentir y no es culpa nuestra si los otros tampoco comprenden esta necesidad.

937. Un hombre competente es un hombre que se equivoca según las reglas.

938. La oscuridad es profunda, dice el ojo.
El silencio es profundo, dice el oído.
Lo que no es, es lo profundo de lo que es.

939. El amor consiste en sentir que uno ha cedido al otro, a pesar de sí, lo que no era más que para sí.

940. Hay que ser ligero como el aire y no como la pluma.

PAUL VALÉRY
Poeta francés (1871-1945)

941. La claridad es el ornato de los pensamientos más profundos.

942. El sentimiento de nuestras propias fuerzas, las aumenta.

943. Antes de atacar un abuso, conviene mirar si se pueden destruir sus fundamentos.

Luc de Clapiers, Marqués de VAUVENARGUES
Moralista francés (1715-1747)

---

944. No hay placer que no tenga por límite el pesar.

945. No quiso la lengua castellana que de casado a cansado hubiese más de una letra de diferencia.

946. Si humor gastar pudiera con más salud sospecho que viviera.

Félix Lope de VEGA Y CARPIO
Poeta y dramaturgo español (1562-1635)

---

947. Todo lo que una persona puede imaginar, otras podrán hacerlo realidad.

Julio VERNE
Novelista francés (1828-1905)

---

948. La voluntad es la piedra filosofal buscada por la alquimia.

949. Egoísmo bien entendido es filantropía bien practicada.

CONSTANCIO CECILIO VIGIL
Periodista y escritor uruguayo (1876-1954)

---

950. El que siembra virtudes recoge la fama.

951. Quien piensa poco se equivoca mucho.

LEONARDO DA VINCI
Pintor, escultor, arquitecto y filósofo italiano (1452-1519)

---

952. De los tiempos, el que más corre es el alegre.

PUBLIO VIRGILIO
Poeta épico bucólico latino (70-19 a. C.)

---

953. Desventurado el hombre que no tiene quien le amoneste cuando tiene necesidad de ello.

954. Lo que se compra al precio de muchos ruegos es demasiado caro.

JUAN LUIS VIVES
Humanista y filósofo español (1492-1540)

---

955. Huyamos de los placeres; es la única forma de poderlos gozar de nuevo.

956. Quien desconfía invita a traicionarlo.

957. El que acierta a limitar sus deseos siempre es bastante rico.

958. El arte de la medicina consiste en mantener al paciente en buen estado de ánimo mientras la Naturaleza le va curando.

959. Lo que llamamos azar no es, y no puede ser, sino la causa ignorada de un efecto conocido.

960. El trabajo es con frecuencia el padre del placer.

961. No hay verdad que no haya sido perseguida al nacer.

962. Cada fracaso le enseña al hombre algo que necesitaba aprender.

963. Siempre la felicidad nos espera en algún sitio, pero a condición de que no vayamos a buscarla.

VOLTAIRE (Seudónimo de François Marie Arouet)
Filósofo y dramaturgo francés (1694-1778)

---

964. Todo el mundo tiene problemas, lo importante es no hacer un problema de tu problema.

Andy WARHOL (De nombre Andrew Warhola)
Pintor y cineasta norteamericano (1928-1987)

---

965. Pocos hombres hay que tengan virtud para resistir al mejor postor.

George WASHINGTON
Militar y político norteamericano (1732-1799)

966. Las pasiones y los prejuicios son los que gobiernan el mundo; en nombre de la razón, desde luego.

967. Yo siempre voy deprisa, pero nunca con precipitación.

John WESLEY
Teólogo inglés (1703-1791)

---

968. Nunca prediques porque tienes que decir algo, sino porque tienes algo que decir.

969. Solamente está exento de fracasos el que no hace esfuerzos.

970. Todos desean ardientemente tener la verdad de su parte; muy pocos el estar de parte de la verdad.

Richard WHATELY
Humanista inglés, arzobispo de Dublín (1787-1863)

971. Hemos modificado tan radicalmente nuestro entorno que ahora debemos modificarnos a nosotros mismos para poder existir dentro de él.

NORBERT WIENER
Matemático norteamericano (1894-1964)

972. Hay dos tipos de personas en la Tierra, aquellas que se elevan y aquellas que se inclinan.

ELLA WHEELER WILCOX
Poetisa norteamericana (1855-1919)

973. La experiencia no tiene valor ético alguno. Es simplemente el nombre que damos a nuestros errores.

974. El deber es lo que esperamos que hagan los demás.

975. Amarse a sí mismo es el comienzo de una aventura que dura toda la vida.

976. Los placeres sencillos son el último refugio de los hombres complicados.

977. La mayoría de nosotros cree que la verdadera vida es la que no llevamos.

978. El valor de una idea no tiene nada que ver con la sinceridad del hombre que la expresa.

979. Es una gran ventaja no haber hecho nada, pero no hay que abusar de ella.

980. El descontento es el primer paso en el progreso de un hombre.

981. A mí me gustan los hombres que tienen un futuro y las mujeres que tienen un pasado.

982. Mientras algunos hombres viven la novela que no han podido escribir, otros escriben la novela que no han podido vivir.

983. Perdona siempre a tu enemigo.
No hay nada que le enfurezca más.

984. Tengo el más simple de los gustos: estoy siempre satisfecho con lo mejor.

985. El drama de la vejez no consiste en ser viejo, sino en haber sido joven.

986. Cuando hay demasiada libertad, nunca hay bastante.

987. El hombre puede creer en lo imposible, pero no creerá nunca en lo improbable.

988. El único medio de librarse de una tentación es caer en ella.

Oscar WILDE
Poeta, autor dramático, novelista y ensayista irlandés (1854-1900)

989. Recuerda que eres tan bueno como lo mejor que hayas hecho en tu vida.

Billy WILDER
Director de cine norteamericano de origen austríaco (1906-2002)

990. Es difícil dejar de convertirse en la persona que los demás creen que uno es.

Thornton Niven WILDER
Novelista y autor dramático norteamericano (1897-1969)

991. La postergación es el ladrón del tiempo.

Edward YOUNG
Poeta inglés (1683-1765)

992. Hay personas que tratan de ser altas
cortando la cabeza a los demás.

Sri YUKTESWAR
Gurú hindú (1855-1936)

993. Un placer como el de una conversación
perfecta es necesariamente raro, porque los
que son sabios rara vez hablan y los que
hablan rara vez son sabios.

994. El más sabio profeta es aquel que se niega
a predecir.

Lin YUTANG
Escritor norteamericano de origen chino (1895-1972)

995. Cuando veas un gigante, examina antes
la posición del sol; no vaya a ser la sombra
de un pigmeo.

Fernando de ZÁRATE
Escritor español (1620-1660)

996. En la duda, abstente.

ZOROASTRO (También llamado Zaratustra)
Reformador religioso iraní (628-551 a. C.)

997. Con oro nada hay que falle.

998. ¿Qué es morir? Dejar de ser.
¿Qué es vivir? Poder gozar.
¿Y qué goce puede haber
mayor que el goce de amar?

José ZORRILLA
Poeta romántico español (1817-1893)

---

999. Son muchísimos los que aman; poquísimos
los que saben amar.

1000. Ser grande es señalar una dirección.

Stefan ZWEIG
Novelista austríaco (1881-1942)

UNA ACLARACIÓN

En la página 90 recojo una cita de Kant que dice «La manera de ser es hacer» y en la página 97 otra de Lao Tsé que dice exactamente lo contrario.

¿Cómo es posible que haya mantenido entre mis 1.000 citas preferidas dos que tienen un significado opuesto, cuando más de 2.000 de ellas pasaron el último filtro de esta selección?

La respuesta tiene un gran significado psicológico y por eso la daré reproduciendo literalmente lo que digo al respecto en mi libro *El secreto de la autoestima*.

Cuando uno es joven **la manera de ser es hacer** *porque el carácter está por formar y la personalidad por desarrollar. Por eso, si quieres ser bueno tendrás que hacer cosas buenas, y si quieres* *ser trabajador tendrás que empezar a trabajar. Pero, a partir de cierta edad, que es la que yo sitúo entre los treinta y los cincuenta años, y en función de la adecuada evolución de tu seguridad, esa ecuación se invertirá y entonces, cuando tus virtudes estén desarrolladas, tu carácter formado y tu personalidad madura, llegará un momento en el que **tu forma de hacer** será una consecuencia natural de **tu forma de ser.***

El secreto de la autoestima, pág. 201

Esa es la razón por la cual tanto Kant como Lao Tsé están en lo cierto porque sus verdades no son antagónicas sino **consecutivas** en el proceso de maduración personal.

EJERCICIO
DE APRENDIZAJE VITAL

«Nadie sabe tanto como todos juntos». Esa es una máxima de psicología dinámica que aprendí hace medio siglo cuando estudiaba la carrera que me ha servido para mejorarme a mí mismo y para ayudar a mis semejantes. Por eso, esta compilación del saber ajeno también es, en cierto modo, una obra propia. Aunque, en este caso, mi aportación no ha consistido en decir cosas interesantes de forma ingeniosa, sino en detectar y valorar adecuadamente el ingenio y la creatividad de otras personas.

En coherencia con esa reflexión, te propongo que hagas un ejercicio parecido en tu propio beneficio, seleccionado —entre lo mucho que has leído— aquello que más te ha servido. Déjate llevar por tu intuición y verás cómo en pocos minutos habrás elaborado una **guía de pensamientos** que te resultará enormemente útil. Ten en cuenta que toda selección es, a la vez, una proyección y que mostrando tus preferencias estarás concienciando tus inquietudes.

Guía de aprendizaje vital

—Crea tu propio decálogo—

	Citas	Autores
1		
2		
3		
4		
5		
6		
7		
8		
9		
10		

Propedéutica

Otra buena manera de profundizar en tu autoconocimiento es leer las obras emblemáticas de los autores cuyas citas te hayan despertado mayor interés.

APUNTE FINAL

En recuerdo de Eduardo MAZO
Escritor argentino (1940-2021)
Poeta urbano de la Rambla de Barcelona

El domingo 9 de mayo de 2021 estuve toda la mañana seleccionando las últimas citas que debían formar parte de esta antología y eso hizo que empezara a leer *La Vanguardia* mucho más tarde de lo habitual. Pasé las páginas con cierta celeridad hasta que en la 47 me encontré con el obituario dedicado a Eduardo Mazo, en el que el periodista Antonio Lozano se refería a él como «El poeta de la Rambla». La noticia me impactó porque yo le había conocido y su frase «*No hay que dejar de luchar por un mundo mejor; si no, será peor*» era una de las que en el último momento quedó excluida de esta selección para que el número total de aforismos fuera respetuoso con el título del libro.

Evidentemente podía haber incorporado su cita y excluir cualquiera otra, pero decidí crear este apartado especial como homenaje a él, a Carlos Rodríguez (otro insigne ramblero que sí figura en la antología) y a otros muchos escritores que deberían formar parte de la historia de la literatura pero no han tenido la fortuna de captar la atención de las grandes editoriales, aunque su obra haya podido merecerlo.

Un afectuoso saludo y un respetuoso recuerdo para todos ellos.

Antoni Bolinches

NOTA AL LECTOR

Como habrás podido observar, todos los autores están adecuadamente contextualizados en fechas y funciones, excepto Carlos Rodríguez y Arthur Tugman. Si posees datos que puedan ayudar a completar sus referencias te agradecería que me los facilitaras para poder incorporarlos en la próxima edición.

Por otra parte, espero que mi intención de que este libro establezca una alianza entre tu inteligencia y la que dimana de los pensamientos seleccionados haya cumplido su función y que, como consecuencia de ello, tus recursos psicológicos queden aumentados y fortalecidos.

Gracias por tu atención y quedo a tu disposición

www.abolinches.com

info@abolinches.com

ÍNDICE TEMÁTICO

Tal y como decía en la introducción, he seleccionado las citas por su utilidad como instrumentos de disfrute y reflexión; por tanto, todas forman un único bloque internacional. No obstante, para favorecer la sinergia entre los distintos pensamientos, he creado **treinta grupos temáticos** para que cada uno de ellos pueda convertirse en área autónoma de información y consulta.

En ese sentido, y puesto que la compilación la he realizado con la intención de que sirva de refuerzo a mis libros de autoayuda, he incorporado epígrafes como *aprendizaje vital, reflexiones existenciales y superación personal,* porque meditar sobre sus contenidos favorece los procesos psicológicos que facilitan la maduración personal y propician la sabiduría.

Así pues, aquí tienes la clasificación que te va a permitir localizar los aforismos a través del campo semántico con el que están más relacionados.

1. Actitud positiva

64, 140, 203, 232, 291, 315, 384, 386, 534, 541, 542, 563, 614, 647, 658, 717, 742, 748, 799, 800, 819, 843, 890, 891

2. Amor, pareja, afecto / Celos

6, 11, 20, 29, 75, 125, 168, 169, 194, 219, 225, 290, 297, 301, 304, 324, 328, 349, 350, 363, 372, 388, 412, 433, 436, 438, 449, 488, 502, 504, 508, 528, 547, 556, 568, 595, 596, 605, 617, 625, 664, 676, 686, 762, 770, 905, 912, 939, 945, 998, 999

3. Aprendizaje vital

26, 80, 89, 93, 105, 107, 108, 130, 139, 147, 153, 156, 157, 165, 170, 183, 190, 210, 223, 242, 250, 287, 288, 298, 299, 300, 327, 330, 359, 365, 371, 376, 390, 425,

426, 432, 447, 450, 464, 513, 523, 581, 620, 642, 648, 661, 669, 692, 696, 803, 811, 824, 826, 840, 844, 846, 848, 859, 877, 885, 933, 962, 973, 996

4. Bondad / Maldad

69, 74, 180, 253, 264, 431, 469, 476, 506, 527, 538, 544, 580, 622, 680, 698, 719, 809, 812, 849, 878, 879, 908

5. Coherencia / Incoherencia

5, 21, 60, 79, 117, 146, 148, 158, 179, 182, 185, 202, 286, 374, 375, 453, 478, 499, 521, 524, 543, 565, 600, 616, 628, 634, 684, 700, 734, 788, 888, 924, 934

6. Consejos

30, 42, 73, 98, 119, 138, 178, 191, 205, 213, 228, 230, 237, 269, 293, 343, 344, 346, 368, 377, 385, 387, 389, 430, 463, 520, 535, 552, 657, 670, 671, 727, 801, 802, 805, 813, 861, 864, 871, 876, 910, 940, 968, 995

7. Dios, religión, perdón / Culpa, pecado

81, 87, 142, 143, 173, 184, 285, 295, 416, 427, 437, 509, 655, 704, 790, 821, 834, 865, 869, 904, 907, 983, 988

8. Educación, escuela, formación

109, 243, 245, 296, 403, 421, 548, 582, 644, 654, 673, 682, 766, 795, 797, 857, 893, 919, 928, 930, 953

9. Ética, moral, principios

27, 84, 94, 126, 127, 128, 135, 159, 236, 316, 356, 407, 428, 459, 662, 675, 722, 724, 730, 740, 776, 832, 838, 901, 949, 965

10. Éxito / Fracaso

2, 58, 62, 118, 129, 133, 174, 193, 218, 248, 370, 380, 483, 726, 741, 744, 833, 868, 887, 929, 969

11. Felicidad / Infelicidad

65, 92, 104, 181, 200, 201, 277, 302, 331, 357, 366,
396, 410, 440, 500, 609, 621, 694, 725, 736, 764,
860, 909, 917, 931, 963

12. Inteligencia, ideas, creatividad

78, 96, 121, 141, 167, 186, 222, 305, 339, 379, 413,
471, 490, 492, 498, 567, 584, 597, 693, 747, 787,
872, 925, 927, 978

13. Juventud, edad / Vejez

25, 40, 43, 162, 207, 212, 214, 239, 241, 352, 364,
397, 448, 475, 489, 572, 587, 601, 606, 656, 666,
667, 681, 715, 743, 985

14. Leyes, libertad, justicia / Poder, política

14, 37, 39, 44, 131, 134, 172, 175, 198, 231, 235, 310,
434, 461, 518, 519, 539, 602, 615, 631, 651, 674, 683,
716, 758, 767, 794, 796, 898, 913, 916, 966, 986

15. Observaciones filosóficas

8, 32, 33, 47, 63, 67, 70, 90, 99, 103, 113, 177, 192, 217, 246, 280, 313, 318, 319, 361, 392, 401, 406, 445, 455, 460, 466, 491, 493, 532, 558, 559, 578, 641, 643, 659, 697, 705, 718, 721, 738, 782, 785, 793, 804, 831, 882, 918, 922, 938, 959, 982

16. Personas, hombres, mujeres

15, 88, 114, 197, 209, 227, 262, 278, 282, 333, 355, 439, 454, 510, 512, 529, 554, 574, 619, 630, 640, 650, 665, 668, 677, 687, 701, 732, 745, 791, 892, 915, 921, 935, 937, 972, 981

17. Placer / Dolor, sufrimiento

163, 187, 206, 415, 507, 515, 588, 589, 590, 599, 608, 623, 636, 646, 653, 690, 702, 703, 709, 711, 735, 773, 774, 835, 903, 911, 944, 955, 976

18. Razón, lógica, razonamiento

19. Reflexiones existenciales

20. Riqueza, dinero / Pobreza

10, 36, 51, 76, 77, 95, 100, 152, 215, 240, 254, 255, 272, 292, 294, 337, 351, 381, 419, 458, 462, 531, 537, 557, 585, 733, 746, 771, 815, 847, 863, 902, 957, 997

21. Saber, sabiduría

22, 46, 48, 111, 112, 123, 161, 229, 233, 266, 275, 358, 367, 402, 473, 517, 555, 577, 594, 598, 604, 607, 663, 688, 720, 731, 778, 779, 808, 845, 852, 870, 883, 889, 941, 993, 994, 1.000

22. Salud, enfermedad, medicina

3, 68, 120, 258, 261, 274, 281, 326, 400, 649, 768, 810, 946, 958

23. Sociedad / Soledad

71, 116, 188, 195, 256, 303, 308, 309, 317, 456, 545, 566, 626, 637, 755, 777, 783, 856, 880, 896, 899, 906, 971

24. Superación personal

1, 13, 31, 55, 57, 61, 101, 102, 124, 132, 136, 335,
338, 477, 484, 496, 516, 525, 526, 546, 549, 560,
570, 593, 613, 624, 633, 639, 749, 772, 780, 786,
817, 822, 828, 850, 862, 881, 942, 980, 989

25. Tiempo

17, 41, 49, 85, 151, 204, 224, 247, 289, 443, 468,
514, 781, 841, 855, 900, 952, 991

26. Trabajo, vocación

4, 137, 249, 251, 252, 260, 391, 411, 423, 739, 830,
837, 960

27. Verdad / Mentira

9, 23, 97, 106, 115, 122, 154, 199, 268, 276, 284,
320, 323, 342, 345, 405, 435, 573, 576, 579, 737,
765, 894, 936, 961, 970

28. Vida / Muerte

16, 24, 216, 238, 257, 270, 283, 378, 398, 404, 409, 418, 424, 446, 452, 457, 505, 530, 550, 591, 728, 789, 798, 842, 853, 977

29. Virtud / Vicio

12, 34, 52, 53, 82, 110, 150, 271, 348, 382, 383, 420, 429, 442, 467, 480, 485, 486, 536, 618, 627, 629, 635, 638, 691, 699, 707, 760, 807, 816, 818, 897, 950

30. Voluntad, paciencia

59, 347, 373, 395, 414, 472, 487, 533, 551, 561, 583, 645, 689, 710, 723, 759, 829, 895, 926, 948

ÍNDICE ALFABÉTICO
DE AUTORES

Como el criterio para seleccionar las frases ha sido la importancia del mensaje que transmiten y no quien las creó, verás que el número de autores que componen el índice (488) es notoriamente inferior al de citas registradas. Evidentemente, el hecho de que la mayoría de ellos figuren con un solo aforismo no va en detrimento de la calidad de su obra y sólo indica que en la selección he priorizado el valor reflexivo de sus pensamientos. De todos modos, resulta comprensible que los grandes maestros de la literatura figuren con varias citas, no sólo porque escribieron mucho y bien, sino también porque la historia de la cultura se ha encargado de recordarlo.

A/ pág. 13

ADAMS, Thomas (1730-1788)

ADDISON, Joseph (1672-1719)

ADLER, Alfred (1870-1937)

ALAIN (1868-1951)

ALEMÁN, Mateo (1547-1615)

ALEMBERT, J. le Rond d'
(1717-1783)

ALLENDY, René (1889-1942)

AMIEL, Frédéric (1821-1881)

AMIEL-LAPEYRE, Madame
(1884-1977)

ANACARSIS (s.VI a. C.)

ANAXÁGORAS
(500-428 a. C.)

ANDRADE, Mário de
(1893-1945)

ANSELMO de Laon
(1050-1117)

ARDREY, Robert (1908-1980)

ARENAL, Concepción
(1820-1893)

ARISTÓTELES
(384-322 a. C.)

ARNOLD, Matthew
(1822-1888)

ARRÉAT, Jean Lucien
(1841-1922)

ASQUITH, Lord Herbert H.
(1852-1928)

ASSIS, Joaquim M. de
(1837-1908)

AUBER, Daniel-François
Esprit (1782-1871)

AZAÑA, Manuel (1880-1940)

B/ pág. 21

BACON, Francis (1561-1626)

BAGEHOT, Walter (1826-1877)

BAILEY, Philip James
(1816-1902)

BALBUENA, Bernardo de
(1568-1627)

BALZAC, Honoré de
(1799-1850)

BARBUSSE, Henri
(1873-1935)

BARDOT, Brigitte (n.1934)

BAROJA, Pío (1872-1956)

BARROS, Alonso de
(1522-1604)

BATAILLE, Henry Felix
(1872-1922)

BEAUCHÊNE, Edme Pierre
(1748-1830)

BEAUMARCHAIS, P. A. de
(1732-1799)

C/ pág. 34

CAMBA, Julio (1882-1962)

CAMPOAMOR, Ramón de (1817-1901)

CAMUS, Albert (1913-1960)

CANALEJAS, José (1854-1912)

CÁNOVAS del Castillo, Antonio (1828-1897)

CAÑETE, Manuel (1822-1891)

CAPOTE, Truman (1924-1984)

CARLOS I de España (1500-1558)

CARLYLE, Thomas (1795-1881)

CARNEGIE, Dale (1888-1955)

CARRIÓN, Alejandro (1915-1972)

CASONA, Alejandro (1903-1965)

CATALINA, Severo (1832-1871)

CATÓN, Dionisio (s. III)

CERVANTES, Miguel de (1547-1616)

CÉSAR, Julio (101-44 a. C.)

CIALDINI, Enrico (1811-1892)

CICERÓN, Marco Tulio (106-43 a. C.)

CISNEROS, Cardenal (1436-1517)

CLARASÓ, Noel (1905-1985)

CLARAVAL, San Bernardo de (1090-1153)

COHEN, Leonard (1934-2016)

COLETTE, Sidonie-Gabrielle (1873-1954)

COLOMA, Luis (1851-1914)

CONDÉ, Louis II de (1621-1686)

CONDILLAC, É. B. de (1715-1780)

CONFUCIO (551-479 a. C.)

CONSTANT, Benjamin (1767-1830)

CORNEILLE, Pierre (1606-1684)

COURTELINE, Georges (1858-1929)

COWLEY, Malcolm (1763-1847)

COWPER, William (1731-1800)

CRANE, Harold Hart (1899-1932)

CRANE, Stephen (1871-1900)

CRISTINA I de Suecia (1626-1689)

CROMWELL, Oliver (1599-1658)

EPICARMO (525-450 a. C.)

EPICTETO (55-135)

EPICURO (341-270 a. C.)

ERASMO de Rotterdam
   (1469-1536)

ERCILLA, Alonso de
   (1533-1594)

ESPINEL, Vicente
   (1550-1624)

ESQUILO (525-456 a. C.)

F/pág. 61

FARQUHAR, George
   (1678-1707)

FAULKNER, William
   (1897-1962)

FEDRO (15 aC–50 d. C.)

FEIJÓO, Benito Jerónimo
   (1676-1764)

FENELON, F. de S. de la M.
   (1651-1715)

FERNÁNDEZ DE CÓRDOBA,
   F. (1453-1515)

FEUCHTERSLEBEN, E. V.
   (1806-1849)

FEUERBACH, Anselm
   (1798-1851)

FEUERBACH, Ludwig
   (1804-1872)

FEUILLÈRE, Edwige
   (1907-1998)

FLAUBERT, Gustave
   (1821-1880)

FONTENELLE, B. B. de
   (1657-1757)

FOSCOLO, Niccolò Ugo
   (1778-1827)

FRANCE, Anatole (1844-1924)

FRANCISCO de Asís, San
   (1182-1226)

FRANCISCO de Sales, San
   (1567-1622)

FRANKL, Viktor (1905-1997)

FRANKLIN, Benjamin
   (1706-1790)

FREUD, Sigmund
   (1856-1939)

FROMM, Erich (1900-1980)

FROST, Robert Lee
   (1875-1963)

FULLER, Thomas (1608-1661)

G/pág. 69

GALA, Antonio (n. 1937)

GALIANI, Ferdinando
   (1728-1788)

GANDHI, M. K. (1869-1948)

H/ pág. 77

HOLMES, Oliver Wendell
(1809-1894)

HORACIO, Quinto (65-8 a. C.)

HOUDETOT, C. A. D›
(1799-1869)

HOUSSAYE, Amelot de la
(1634-1706)

HOWE, Nathaniel (1764-1837)

HUBBARD, Elbert Green
(1856-1915)

HUGO, Victor (1802-1885)

HUXLEY, Aldous
(1894-1963)

I/ pág. 85

IBSEN, Henrik Johan
(1828-1906)

INGE, William Ralph
(1860-1954)

INGERSOLL, Robert Green
(1833-1899)

J/ pág. 85

JACOB, Max (1876-1944)

JAMES, William (1842-1910)

JARDIEL Poncela, Enrique
(1901-1952)

JERÓNIMO, San (347-420)

JERROLD, Douglas William
(1803-1857)

JIMÉNEZ, Juan Ramón
(1881-1958)

JOHNSON, Samuel
(1709-1784)

JOUBERT, Joseph
(1754-1824)

JUNG, Carl Gustav
(1875-1961)

JUVENAL (60-140)

K/ pág. 89

KAFKA, Franz (1883-1924)

KALIDASA (353-420)

KANT, Immanuel (1724-1804)

KARR, J.-B. Alphonse
(1808-1890)

KASPER, Hans (1916-1990)

KEMPIS, Tomás de
(1379-1471)

KENNEDY, John Fitzgerald
(1917-1963)

KENNEDY, Robert
(1926-1968)

KIERKEGAARD, Søren
(1813-1855)

LINCOLN, Abraham
(1809-1865)

LIVIO, Tito
(59 a. C.-17d. C.)

LIVRY, Hippolyte de
(1754-1816)

LOGAU, Friedrich Von
(1604-1655)

LONGFELLOW, H. W.
(1807-1882)

LÓPEZ Ibor, Juan José
(1906-1991)

LORENZ, Konrad
(1903-1989)

LOWELL, James Russell
(1819-1891)

LOZÈRE, Joseph Pelet de la
(1785-1871)

LUCANO, Marco Anneo
(39-65d. C.)

LUIS XIV (1638-1715)

LUTERO, Martín
(1483-1546)

LL/ pág. 108

LLOYD, George David
(1863-1945)

LLULL, Ramón
(1235-1315)

M/ pág. 108

MACROBIO, A. T.
(finales del s. IV)

MACHADO, Antonio
(1875-1939)

MACHADO, Manuel
(1874-1947)

MAHLER, Gustav (1860-1911)

MAIER, Joseph (1911-2002)

MALRAUX, André
(1901-1976)

MANET, Édouard
(1832-1883)

MANZONI, Alessandro
(1785-1873)

MAQUIAVELO (1469-1527)

MARAÑÓN, Gregorio
(1887-1960)

MARCIAL, Marco Valerio
(40-104)

MARCO AURELIO (121-180)

MARDEN, Orison Swett
(1850-1924)

MARÍAS, Julián (1914-2005)

MARQUINA, Eduardo
(1879-1946)

MARQUIS, Don (1878-1937)

MARX «Groucho», Julius H.
(1895-1977)

MASLOW, Abraham
(1908-1970)

MASSILLON, Jean Baptiste
(1663-1742)

MASSON, Paul (1846-1896)

MASTROIANNI, Marcello
(1924-1996)

MAUGHAM,William
Somerset (1874-1965)

MAURIAC, François
(1885-1970)

MAUROIS, André
(1885-1967)

MAURY, Juan María
(1772-1845)

MELENDRES, Miguel
(1909-1974)

MENANDRO (342-292 a. C.)

MENCKEN, Henry Louis
(1880-1956)

MERÉ, Antonine Gombaud
(1607-1685)

MEREDITH, George
(1828-1909)

METASTASIO (1698-1782)

MILLER, Henry (1891-1980)

MINGOTE, Antonio
(1919-2012)

MIRALLES, Alberto
(1940-2004)

MOLIÈRE (1622-1673)

MOLINA, Tirso de
(1584-1648)

MOMMSEN, Theodor
(1817-1903)

MONTAGU, Lady Mary
Wortley (1689-1762)

MONTAIGNE, Michel de
(1533-1592)

MONTESQUIEU, C. L.
(1689-1755)

MONTESSORI, Maria
(1870-1952)

MORENO, Miguel (1591-1635)

MORGAN, Lina (1936-2015)

MUSIL, Robert von
(1880-1942)

MUSSET, Alfred de
(1810-1857)

N/ pág. 123

NAPOLEÓN BONAPARTE
(1769-1821)

NELSON, Horatio
(1758-1805)

NERVO, Amado
(1870-1919)

NIETZSCHE, Friedrich
Wilhelm (1844-1900)

NOCEDAL, Cándido
  (1821-1885)

NOVALIS (1772-1801)

O/ pág. 126

ORS, Eugeni d' (1881-1954)

ORTEGA Y GASSET, José
  (1883-1955)

OVIDIO, Publio
  (43 a. C-18 d. C.)

P/ pág. 127

PALACIO, Armando
  (1853-1938)

PALACIO, Manuel del
  (1831-1906)

PAPINI,Giovanni (1881-1956)

PARACELSO (1493-1541)

PARKER, Theodore
  (1810-1860)

PASCAL, Blaise (1623-1662)

PAVESE, Cesare (1908-1950)

PAZ, Juan Carlos (1901-1972)

PEMÁN, José María
  (1898-1981)

PÉREZ GALDÓS, Benito
  (1843-1920)

PERICLES (495-429 a. C.)

PERTINI, Alessandro
  (1896-1990)

PETRARCA, Francesco
  (1304-1374)

PETRONIO, Cayo (14/27-65)

PHILIPS, Wendell
  (1811-1884)

PICASSO, Pablo Ruiz
  (1881-1973)

PIRE, Dominique Georges
  (1910-1969)

PÍTACO de Mitilene
  (650-569 a. C.)

PITÁGORAS (582-500 a. C.)

PITIGRILLI (1893-1975)

PLA, Josep (1897-1981)

PLATÓN (428-347 a. C.)

PLAUTO, Tito Maccio
  (254-184 a. C.)

PLAYER, Gary, n. 1935

PLUTARCO (50-125 d. C.)

POLLOCK, Channing
  (1880-1946)

POPE, Alexander
  (1688-1744)

PREVOST, Antoine François
  (1697-1763)

PROTÁGORAS (485-410 a. C.)

Q/ pág. 137

QUARLES, John (1624-1665)

QUEVEDO, Francisco de
(1580-1645)

QUILÓN de Esparta (?-579 a. C.)

QUINTILIANO, Marco Fabio
(30-100 d. C.)

QUINTO, Curcio Rufus
(s. IV d. C.)

R/ pág. 140

RABELAIS, François
(1494-1553)

RACINE, Jean Baptiste
(1639-1699)

RAMÓN Y CAJAL, Santiago
(1852-1934)

RAMUZ, Charles-Ferdinand
(1878-1947)

RATZINGER, Joseph
(n. 1927)

RAY, John (1627-1705)

REBOLLEDO, Bernardino de
(1597-1676)

RÉGISMANSET, Charles
(1877-1945)

REICHENBACH, Heinrich G.
(1793-1879)

REMUSAT, Condesa de
(1780-1821)

RENAN, Ernest (1823-1892)

RENARD, Pierre-Jules
(1864-1910)

REY, Étienne (1879-1965)

REYBAUD, Louis (1799-1879)

RICH, Barnabe (1540-1617)

RICHMAN, Milton
(1922-1986)

RICHTER, J. P. Friedrich
(1763-1825)

RILEY, James Whitcomb
(1849-1916)

RIVAROL, Antoine de
(1753-1801)

RODRÍGUEZ, Carlos

ROGERS, Karl Ransom
(1902-1987)

ROJAS ZORRILLA, F. de
(1607-1648)

RONDELET, Antonin
François (1823-1893)

ROOSEVELT, Eleanor
(1884-1962)

ROSA, Salvatore (1615-1673)

ROSTAND, Jean (1894-1977)

ROTROU, Jean de
(1609-1650)

ROUSSEAU, Jean-Jacques
(1712-1778)

RUFO, Juan (1547-1620)

RUIZ DE ALARCÓN, Juan
(1581-1639)

RUNBECK, Margaret Lee
(1905-1956)

RUSIÑOL, Santiago
(1861-1931)

RUSKIN, John (1819-1900)

RUSSELL, Bertrand A.
William (1872-1970)

S/ pág. 149

SAINT-ÉVREMOND, C. de
(1614-1703)

SAINT-EXUPÉRY, Antoine
de (1900-1944)

SALOMÓN (Rey)
(970-931 a. C.)

SALUSTIO, Cayo (86-35 a. C.)

SAN AGUSTÍN (354-430)

SAND, George (1804-1876)

SANIAL-DUBAY, Joseph
(1754-1817)

SANTAYANA, George
(1863-1952)

SARTRE, Jean-Paul
(1905-1980)

SAVATER, Fernando
(n. 1947)

SAY, Jean-Baptiste
(1767-1832)

SCHILLER, J. C. Friedrich
von (1759-1805)

SCHOPENHAUER, Arthur
(1788-1860)

SCHWAB, Charles Michael
(1862-1939)

SÉNECA, Lucio Anneo
(4 aC- 65 d. C.)

SERVET, Miguel (1511-1553)

SETANTÍ, Joaquín
(1540-1617)

SHAKESPEARE, William
(1564-1616)

SHAW, George Bernard
(1856-1950)

SIDNEY, Philip (1554-1586)

SIMÓNIDES de Ceos
(556-468 a. C.)

SIRO, Publilio (s. I a. C.)

SMILES, Samuel
(1812-1904)

SMITH, Horace (1779-1849)

SÓCRATES (470-399 a. C.)

SÓFOCLES (495-406 a. C.)

SOUTHEY, Robert
(1774-1843)

T/pág. 165

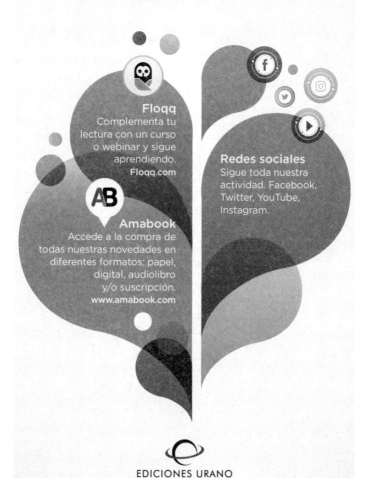